U0063632

中華文明傳真 Chinese Civilization In A New Light

1

原始社會

東方的曙光

劉 煒 —— 主編
趙春青・秦文生 —— 著

商務印書館

《中華文明傳真》徵集有關文物考古資料和照片時，得到以下單位的大力支持和協助，在此鳴謝。

中國文物學會
中國文物交流中心
中國社會科學院考古研究所
中國歷史博物館
全國各省、自治區博物館
全國各省、自治區文物考古研究所
香港中文大學中國文化研究所中國考古藝術研究中心

本卷照片提供： 王保平　孔　羣　王蔚波　李　凡　祝　賀　張　羽
侯石柱　郭　羣　樊申炎 等
《中國地域文化大系》之《齊魯文化》、《吳越文化》、《河隴文化》、
《東北文化》及《楚文化》等。
商務印書館(香港)有限公司等

中華文明傳真 1

原始社會 —— 東方的曙光

出 版 人……陳萬雄
總 策 劃……張倩儀
主　　編……劉　煒
作　　者……趙春青　秦文生
責任編輯……段國強　郭罕利　徐昕宇
封面設計……日本國株式會社見聞社(坂本公司Sakamoto Koji)
版式設計……楊啟業
插　　圖……邵　滿
電腦復原圖……梁竹君
出　　版……商務印書館(香港)有限公司
香港筲箕灣耀興道3號東滙廣場8樓
http://www.commercialpress.com.hk
印　　刷……中華商務彩色印刷有限公司
香港新界大埔汀麗路36號中華商務印刷大廈
版　　次……2001年12月第1版
2002年5月第2次印刷

ISBN 962 07 5314 3
Printed in Hong Kong

主編的話

看見歷史、感受歷史、思考歷史

《中華文明傳真》是一套開創性的叢書，它將中國歷史從帝王將相、改朝換代的框架中釋放出來，用文獻和考古學結合的方法，以最新的考古成果全方位、新視角、多層面、新觀念去重新闡釋。將歷史發展過程中最關鍵的觀念，物質文明最重要的細節，用現代的手法展現出來，因而從內容到形式，皆獨具特色、富有新意。中國的歷史從未被如此剖析過。

中國是一個幅員遼闊的多民族國家，為了將它五千年的歷史重新演繹，我們組織了一批深諳文獻和考古學的專家，費五年之功編寫，期間反復修改，力求保證叢書的學術水準。歷史的發展與當時的環境、物質條件、文明程度息息相關，展示和闡明這種種聯繫，對於認識歷史發展的多樣性、複雜性，是十分必要的，但卻是以往未曾被重視的。為此，我們在全國各地博物館和文物考古所的大力支持下，選取了數千幅照片，其中包括珍貴的航拍和衛星照片，重現古代的都城、山川形勢等，使讀者可以感受到當時人們的物質生活環境。各地博物館和文物考古研究所還專門為本書拍攝最新考古現場和出土文物照片。至於一些已經湮沒無法拍攝的遺迹，則以三維電腦圖或插圖復原本來的面貌。利用最新的考古研究的成果彌補文獻記錄的空白，突破以往歷史書以文字敘述為主的舊模式，透過精練簡白的文章、多元的視像元素，讓中國歷史立體地呈現出來。中國的歷史從未被如此展示過。

歷史作為人類既往行進、發展的記錄，原本就是多元多面、錯綜複雜的。本叢書為了適應快節奏的時代步伐，力求在有限的篇幅中增強信息量，避免沉悶氣氛，文字以精練簡白見長，讓事實說話，讓實物作證，主題突出，特色鮮明，取今人之獨有，補前人之空缺。使讀者以新視角、新層面看見歷史，感受歷史，思考歷史。

劉煒

二〇〇一年六月

目錄

目錄

第五單元　父系氏族社會的來臨

第六單元　第一個王國的誕生

舊石器時代

200 萬年前 ～ 1 萬年前

- 跨越冰河的祖先從山林走向平原
- 在火與石的磨練中告別蒙昧時代
- 伏羲女媧營造了和平優美的家園

人猿相揖別

① 古遠的中國神話

自古以來，最能夠牽動視聽的話題，莫過於對人類自身起源的探索。揭開人類起源之謎是全人類早已關注的共同課題。在科學不發達的古代，世界各地廣為流傳着神創造人的種種傳說。在中國南方、北方、青藏高原，以及雲南楚雄等地都有不同版本的人類起源神話。這些神話是人類在沒有揭開自身之謎時的想像和猜測，為探索人類起源予以啟迪。

開天闢地的盤古

盤古是中國古代傳說中開天闢地的神祇，他臨死前身體化為世間萬物：氣化成風雲，聲音為雷電，左眼為日，右眼為月，四肢、血液為山川、江河，筋脈為地理，肌肉為田土，髮鬚為星辰等。據近代學者考證，這位神氣十足的神祇，可能是據南方地區盤瓠傳說創造出來的。相傳盤瓠是智勇雙全而忠於高辛王的狗，因殺敵立功，娶了公主，傳下後代，成為南方蠻族的始祖。盤瓠、盤古讀音相近，由盤瓠音轉為盤古。中原地區很早也有盤古開天闢地的傳說，至今河南民間的泥質玩具“泥泥狗”，仍將象徵人類祖先的“人祖爺”做成狗的模樣，依稀透出與南方盤瓠神話相近之處。

漢朝盤古畫像磚

盤古開天闢地，伏羲、女媧創造了人類，構成了一幅完整的中國始祖神話圖。

人類始祖——伏羲、女媧

女媧造人是中國廣泛傳播的另一個著名神話。一說是女媧摶黃土造人，另一說是她與伏羲成婚而創造人類。作人首蛇身以夫妻姿態出現的伏羲女媧像，常見於漢朝畫像石和磚畫中。伏羲、女媧本為流傳於西南地區的苗族始祖神，後來演變成為人類的始祖。人們就把伏羲作為陽帝，女媧作為陰帝。

唐朝伏羲、女媧絹畫

人首蛇身的伏羲、女媧上身相擁，兩尾相交，表明他們是造人類、掌婚姻、司生育的生命之神。

女媧補天圖

傳説遠古時支撐蒼天的四根天柱之一 —— 不周山折斷，“天傾西北，地陷東南”，西北天空塌陷一個大洞，天河如瀑布般流瀉到大地上，地震山搖，洪水、烈火、猛獸肆虐，女媧走遍五湖四海收集彩石，用火冶石，修補塌陷的天洞。她又斬殺猛獸，治理洪水，終於恢復了人類生活的平靜家園。

猴子變人的神話

居住在中國青藏高原和雲貴高原的藏族、彝族、佤族和傈僳族，廣泛流傳着猴子變人的神話，這神話與人類起源的考古發現接近。西藏的澤當，傳説是藏族的發源地，藏語“澤當”，意為猴子玩耍的壩子。藏族人很早就流傳着猴子變人的神話。據説從前有一隻神猴，在岩洞中修法，後與嚴羅刹女成婚，生出雛猴，取穀為食，毛尾轉短，能作言語，最後變成人。在雲南楚雄彝族的創世史詩中，專章描述猴子學習以石敲果，擊石生火乃至熟食的經過，最終“猴子變成人”。在佤族和傈僳族也流傳着“猴祖”的神話。中國西南地區是人類起源的搖籃之一，猴子變人的神話，廣佈於西南地區也就不足為怪了。

女媧造人剪紙

甘肅隴東民間剪紙，描繪女媧正在造人的情景。傳説女媧以黃土捏人，吹入仙氣後，泥人即能行走説話，變成真人。

人猿相揖別

② 遠古人類的近親

人類起源是一個重大的科學命題，隨着科學的進步和一系列重要的考古發現，證實原始古猿是人類和現代類人猿的共同祖先。古猿向人類進化的起源地，始終是全世界科學家研究的重大課題。雖然甚麼古猿在甚麼地方向人類轉化，仍然是尚未完全解開的謎，但以往大部分古人類學家相信非洲是早期人類的惟一起源地，最早的人類是從非洲森林中走向全世界的。

古猿生活的年代

在敘述中國古猿之前，有必要先了解一下地質年代的劃分方法。我們居住的地球大約有四十五億年的歷史，共分為五個時代，即太古代、元古代、古生代、中生代和新生代，人類起源和發展於新生代，其中人類的祖先出現於新生代第三紀的後期，而人類的進化大部分是在第四紀。

代	紀	世		距今年代（萬年）
新生代	第四紀	全新世	近代	1
		更新世	晚期	13
			中期	70
			早期	180
	第三紀	上新世		500
		中新世		2400
		漸新世		3500
		始新世		5500
		古新世		6500

新生代分期年代表

森林古猿與臘瑪古猿

20世紀60年代人類學界的流行觀點認為，人和現代類人猿的共同祖先是埃及古猿，因在埃及開羅西南撒哈拉沙漠的邊緣地區發現其化石*而得名。埃及古猿分兩支進化，一支經森林古猿逐步演化成現代類人猿，另一支在一千五百萬年前從非洲走向各大陸，經臘瑪古猿、南方古猿演化成人。從猿到人的過渡時

森林古猿

臘瑪古猿

直立人

期大約從一千五百萬年前到三百萬年前。臘瑪古猿是最早的人科代表，是人類的直系祖先。“臘瑪”是古代印度史詩中的英雄，他備受磨難，最後在羣猴的幫助下戰勝了敵人，成為保護神的化身。最早在印度發現的這種已屬人科的古猿化石便被命名為“臘瑪猿”。然而，隨着新材料的接連發現和人類學研究的逐漸深入，這種傳統觀點不斷受到挑戰。

DNA 人類進化樹

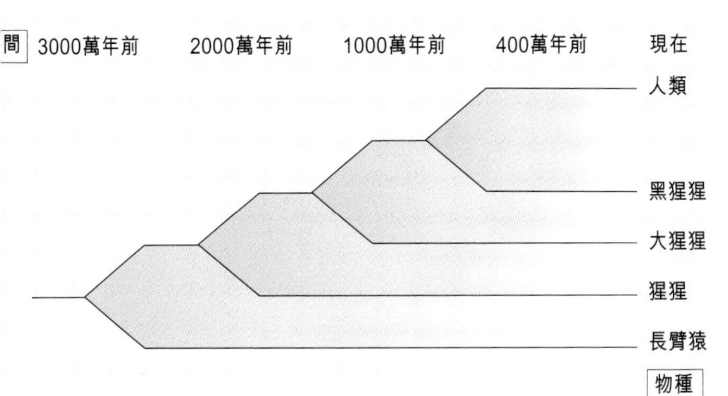

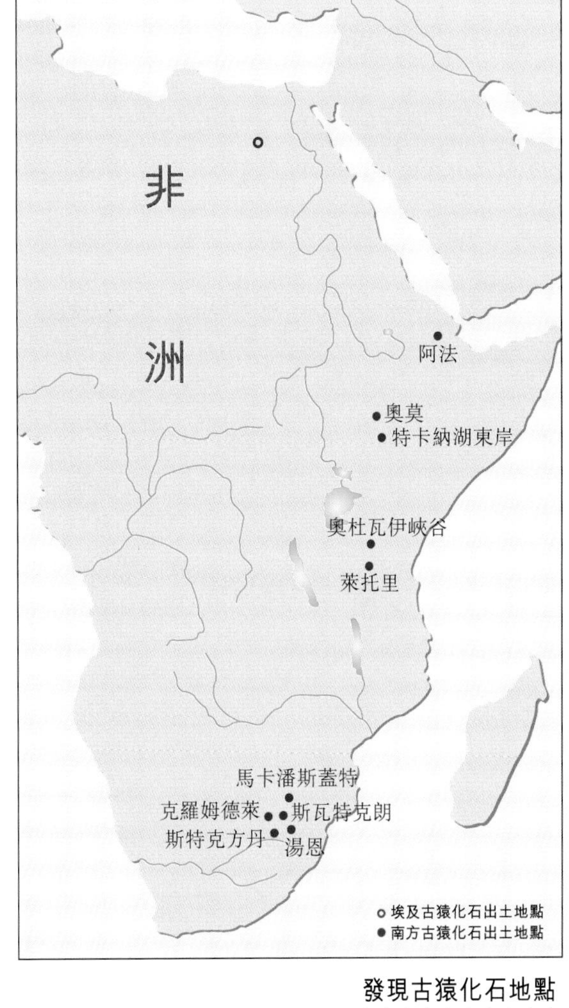

發現古猿化石地點

智人

新人

人類演化圖

經過漫長的歲月，森林古猿（二千萬年）漸漸演化為臘瑪古猿（八百萬年）、南方古猿（二百萬年），以至成為現代人的模樣。

***化石：**是保持原來形狀和結構的鈣化的生物遺體、遺物。人類化石是由於水的作用而保存，古猿生活在森林中，離水源較遠，加上熱帶森林的條件如酸性的土壤等使屍體迅速分解，因而很難形成化石。

小辭典

人猿相揖別

③ 人類的誕生

中國的古人類學和舊石器時代考古學，迄今已經走過了近百年的歷程，在中國境內不僅發現了一系列早期人類化石和豐富的舊石器時代文化遺存，而且還不斷發現與人類起源有關的古猿化石。因此，中國已成為探索人類起源的重要地區之一，對人類起源的非洲中心說提出了挑戰。

中國發現古猿

越來越多迹象表明，人類起源過程遠比傳統觀點所描繪的複雜得多。人類的起源地，除了非洲之外，亞洲也不能輕易排除。在中國雲南的祿豐、開遠、元謀等地先後發現大批數百萬年前的古猿化石，對於深化人類起源的認識，具有極重要的作用。因此，有學者認為亞洲南部也是人類的搖籃之一。

雲南古猿化石出土地點

挑戰非洲中心說

祿豐古猿生活的年代距今七八百萬年，是接近於非洲大猿和人科成員的共同祖先。開遠古猿的時代比祿豐古猿更早，可歸入臘瑪古猿，是祿豐古猿的祖先。元謀多次發現古猿化石，其中出自竹棚的被稱為“東方人”，距今二百五十萬年，是直立人的直接祖先，與一百七十萬年前的元謀猿人是一個完整的發展序列。無疑，中國的華南與南亞地區也是人類的重要起源地。

密林中的祿豐古猿

古猿生活的雲南祿豐石灰壩一帶，當時屬溫暖、潮濕的亞熱帶和熱帶氣候，山前窪地有沼澤，附近有森林和草地，有豐富的動物資源。祿豐古猿多生活在密林的邊緣地帶，以採摘野果和獵取小動物為生，可以使用天然工具。

祿豐古猿發現地點

元謀古猿上、中門齒化石

雲南元謀縣出土，上門齒長1.14厘米，中門齒長1.13厘米，比現代人的門齒大得多。元謀人是目前中國境內發現的時代最早的直立人，距今約一百七十萬年，屬於舊石器時代早期，是纖細類型南猿向直立人過渡的代表。

世界各地臘瑪古猿類化石分佈圖

中國人的遠祖

① 百萬年前的遠祖

古人類學家一般認為發現於非洲的南方古猿(距今四百萬至一百萬年)是最早的人類。近三十年來，在中國華北、華南和長江流域等地都發現年代屬於更新世早期的人類化石或石製品。更新世的到來使地球歷史翻開新的一頁。在中國境內，隨着喜馬拉雅山的強烈隆起，形成青藏高原，西高東低的山川大勢逐漸形成。北方地區開始了黃土堆積，動植物羣落發生了重大變化；南方大部分時間保持着溫暖濕潤的熱帶、亞熱帶森林環境。在這種自然環境下，中國人的遠祖邁開了走向歷史舞台的第一步。

水草豐茂的環境

華北 ——山西芮城西侯度發現距今二百至一百八十萬年的暖溫帶草原動物，還有大河狸、鯉魚骨骼，説明當時存在穩定的水域。發現於河北省陽原縣泥河灣的動物化石，反映了當時的氣候比現在還要溫暖濕潤，有茂密的森林，生長着大片草地並有一定的水域。

華南 —— 氣候溫和，呈森林草原景觀，十分適宜猿人生活。如元謀人化石產地的西面是一片湖沼，東面有比較高的東山，生長着茂密的松林，劍齒虎、豹等猛獸出沒其間。靠近東山邊緣的森林地區則是大象的樂園，鹿和麂奔跑在丘陵地區的稀樹和灌木叢之間。山下氣候溫暖，河水四季常流不斷，雲南馬、水牛等生活在河灘或草原湖畔，兔子、小靈貓和鼠類躲藏在矮小的灌木和陰濕的草叢中。

長江流域 —— 雲貴高原還未形成，秦嶺大巴山也未達到目前的高度，長江僅具雛形。當時長江三峽一帶的氣候遠較現在濕熱，森林更加茂盛，目前生活於熱帶、南亞熱帶的動物以及來自北方的溫帶草原動物都能夠到此地區。長江下游的安徽繁昌地區當時是以開闊草原為主，周邊丘陵和山地有大片的灌叢森林，是處於南方、北方動物共生的草原森林環境。

中國境內百萬年前直立人遺迹分佈圖

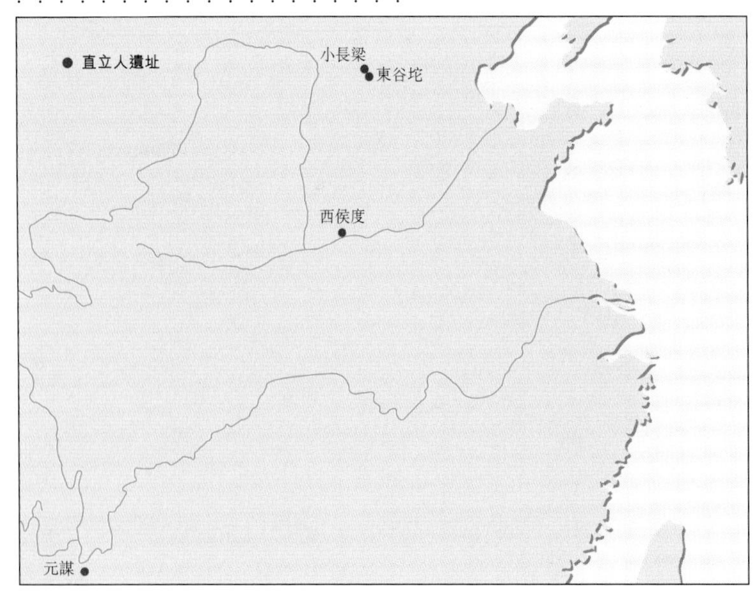

鄖縣人頭骨

在長江以南的湖北鄖縣發現多具猿人化石，這是其中一具頭蓋骨化石。年代約在六十至九十萬年前，屬於晚期猿人。這個頭骨原始，眉脊粗厚，前額低平並向後傾斜，顱頂低矮。體質特徵與中國其他古人類化石相符，與世界其他地區同階段的古人類化石不同，是土生土長的中國人。

雲南元謀土林

元謀人的生活環境是亞熱帶的草原與森林相間地帶，至今保存土林地貌，在此除發現人類化石外，還發現大量動物和植物化石。哺乳動物多為食草類動物，草木植物都是適宜亞熱帶生存的植物。

石單刃刮削器

刮削用具。雲南元謀縣出土。

製造工具和用火

這時的猿人已經懂得使用粗糙的方法製造石器和加工動物骨片，加工方法主要有錘擊法、碰砧法和砸擊法，石器種類有刮削器、尖狀器、砍砸器和石片等，形體普遍較小。除了製造石器以外，當時的人類已會用火，有了火，不僅可以照明、取暖、驅趕野獸，還能夠提供熟食，而熟食又促進人類的進化。使用火是猿人的一大創造。

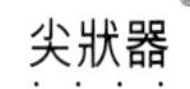

尖狀器

河北陽原縣東谷坨出土。邊緣齊整，修整細致。

人的手與猿的手

人的手指及手掌結構與古猿不相同，故能運用工具。

中國人的遠祖

② 石器——人類最早的工具

從距今約一百萬年起至距今約二十萬年左右，地質史由更新世早期進入更新世中期，氣候經過數次冷暖乾濕的變化。這時期的人類稱為直立人，是由猿向人演變的重要一步。物質生產是人類生存的第一個前提，從事物質生產則從製造工具開始。石器是原始社會最重要的工具。考古學家把以打製石器為主要工具的文化稱為舊石器文化。此時期屬考古學上舊石器時代早期。中國舊石器時代早期文化和直立人化石遍佈東北、華北、華南和西南各地。

北方與南方的差異

中國發現的舊石器時代早期直立人有藍田人、北京人、和縣人、湯山人、鄖縣人等，文化遺存可分為東北、中原和華南三個區域。中國早期舊石器文化的南北差異是當時自然環境造成的。更新世早期，亞熱帶的氣候達到秦嶺以北的中原一帶，華南和中原文化區均為熱帶、亞熱帶植被繁茂的森林，在此環境中，需要用砍砸器做劈砍等重型工作，用大型尖狀器從事挖掘，故在這裏流行粗大的礫石工具。東北文化區是溫帶的森林草原，故多使用小型的石片石器組合如刮削器來切割、刮削等，而大型工具如砍砸器則很少，大尖狀器基本不見。

大型砍砸器

用石英製作，質地比砂岩堅硬，是舊石器時代早期的重型工具。

刮削器

用石英岩製作，專門用於刮削雕刻。

薄尖狀石器

原始人的生產工具。形狀似三角形，製作粗糙，顯示出舊石器時代早期石器加工的特點。

石料的選擇

人類在長期打製石器的經驗中認識石料的特性，懂得選擇那些既容易打製，又較耐用的石料。中國舊石器時代的先民，一般都從住地附近的河灘上撿拾礫石，選取燧石、石英岩、砂岩、角頁岩等自然石塊作原料，因為這些岩石既有硬度，又有韌性和脆性，適合加工。

打製石器的方法

舊石器時代製造石器的方法，用一塊石料作石錘，直接加工石料叫作錘擊法；把石料往石砧稜角上碰擊，稱作碰砧法；把石料放在石砧上，用石錘砸擊，為砸擊法。打下的石片還需要進一步加工，用石錘在石器的邊緣上敲擊，或用木、骨器進行修整。

手斧

這是藍田人常用的挖掘、砍砸、刮削工具。他們生活在秦嶺北麓，山上有茂密的山林，兇猛的劍齒虎、豹、熊出沒其間，也有成羣的鹿和犀牛，成為藍田人捕獵的目標。

石器製造方法示意圖

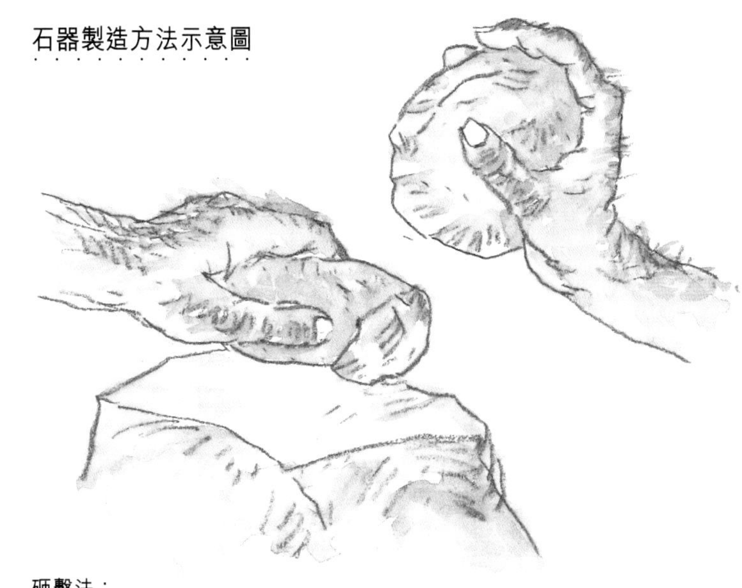

砸擊法：
把石料放在石砧上，用石錘砸擊。

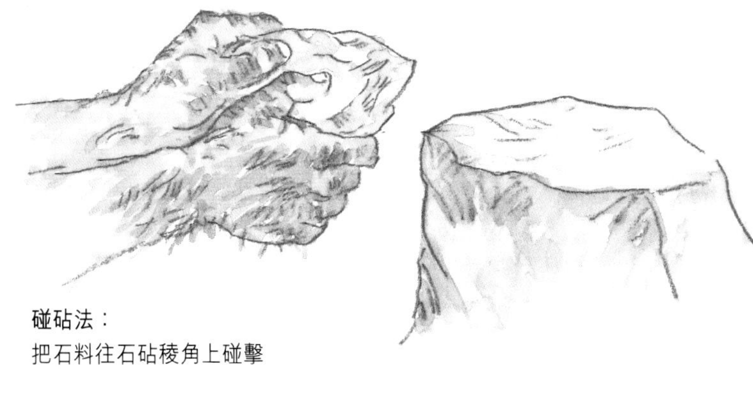

碰砧法：
把石料往石砧稜角上碰擊

錘擊法：
用一塊石料作石錘，直接對石料進行加工。

北京人的家園

20世紀中國考古的重大收穫之一是北京周口店猿人遺址的發掘。北京人生活的時代距今七十萬至二十萬年。它的發現，不僅首次將中國歷史向前推進了數十萬年，而且徹底消除了當時學術界對亞洲是否存在原始人類的疑惑。

當時周口店附近的氣候與今天有很大不同，在漫長的時間裏屢經變化，早期偏冷，中、晚期後相當溫暖、濕潤。周圍環境優美，北部羣山重疊，山上森林茂密，雜草叢生，野獸出沒其間，有兇猛的劍齒虎、龐大的納瑪象及犀牛、熊、豹、狼等，威脅着北京人的安全。東南為寬廣的草原，氣候濕潤時，草地上有成羣的食草動物，梅花鹿、腫骨鹿、三門馬等，是北京人的狩獵對象。氣候乾燥時，草原成為沙漠，生活着鴕鳥和駱駝。東邊有一條從西山流出的小河，四季水流不息，水量很大。河泥沉澱後，一些地方形成湖泊，生活着水牛、水獺、河狸、魚等許多水棲動物。這裏地形複雜多變，有豐富的動植物，因此吸引了原始人類在這裏棲息、繁衍。

腫骨鹿犄角

北京人常數十個人結成團體，依靠簡陋的工具和武器與大自然及兇猛的野獸搏鬥，獵取野生動物和採集植物果實及根莖為食物，在北京人生活過的山洞裏，至今還留有大量被打碎和燒過的動物骨頭。他們有時會挨餓，也許被野獸吃掉，生活依然是艱難的。他們的壽命很短，有三分之一的人不到十四歲就死去了。

腫骨鹿復原圖

北京人生活時代的初期，氣候寒冷，這種已滅絕的鹿是喜冷的動物。

周口店龍骨山

龍骨山是個海拔約150米的山丘，在其1000平方米範圍內，共發現五個洞穴。距今七十萬至二十萬年前，北京人在這些洞穴中生活。

剣齒虎頭蓋骨

猿人洞

龍骨山最大的洞穴，在海拔128米的山上，從洞口至洞底深90米，是北京人居住生活的地方。

劍齒虎復原圖

這種今天已經滅絕的兇猛動物，是北京人的主要敵人。

進化中的北京人

北京猿人之所以馳名中外，還在於這裏出土了極豐富的人骨化石，代表四十多個個體，被命名為中國猿人北京種，簡稱“北京人”。北京人屬更新世中期，是世界上迄今內涵最豐富及最有系統的直立人遺址。對研究猿人向現代人演進和發展過程中的變化，具有重要的意義。

北京人選擇龍骨山的一個大洞穴居住，以狩獵和採集植物為生，並已學會熟食。他們留下的遺物有石製品、骨角器和用火遺迹。石器以細小器為主，有刮削器、尖狀器、砍斫器、雕刻器等，製作技術進步，為同時期最精致者；並學會將獸骨加工成簡單工具，如舀水的器皿等。

北京人的身高據推算為157厘米。骨骼的特點是頭骨原始，肢骨進步，上肢短於下肢，上肢

北京猿人頭像

北京房山周口店出土，距今約五十萬年，屬於舊石器時代早期。其頭蓋骨具有與猿相近的特徵。當時北京地區溫暖濕潤，森林、河流、草原密佈。北京人居住在洞穴之中，製作石器，從事採集、狩獵活動，並懂得使用火來燒烤食物。

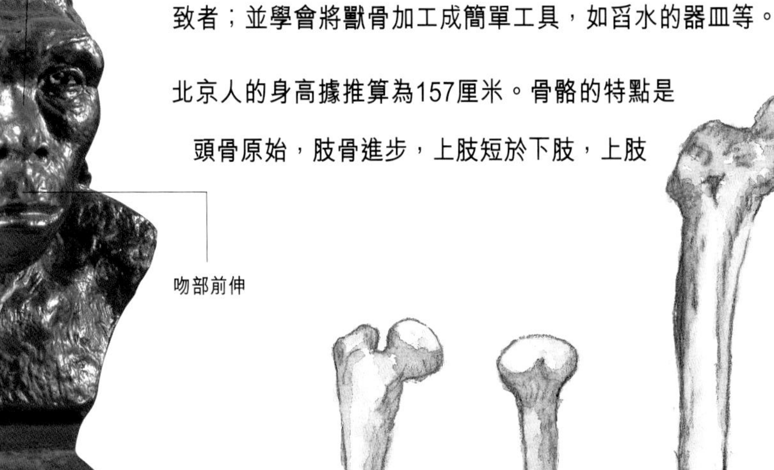

北京人頭蓋骨

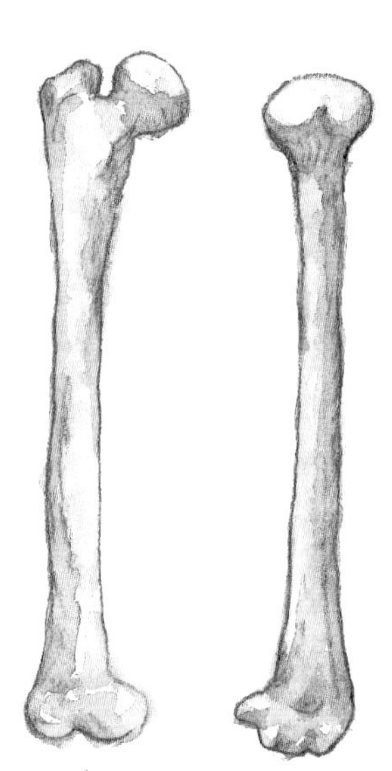

肢骨比較圖

猿的大腿骨與上臂骨的長度相同，說明猿是爬行，腿要借助上臂行走。北京人的大腿骨明顯長於上臂骨，說明大腿因直立行走而發達，上臂主要用於勞動。

骨與現代人極相似，下肢骨還保留明顯的原始性。這種現象表明，古猿通過勞動向人類進化的過程中，手最先獲得發展，並由此引起四肢分化，下肢可以直立，專門用於行走。腦量的增多和整個頭骨的進步則相對慢得多。北京人體質上的不協調，恰恰是由猿到人逐漸進化的明證。為了生存的需要，北京人常常十幾個或幾十個地結成羣體，這就是最早的人類社會。但他們內部關係很鬆散，沒有固定的兩性關係。他們共同獲取食物，產品平均分配，共同享用。

石端刃砍砸器

用來砍伐樹木、石塊等的石器。

刃口因砍砸物體而變鈍

用砸擊法生產石片時留下的坑疤

石砧

生產砸擊石片時的墊石

北京人生活圖

中國人的遠祖

③ 征服自然的火把

人類對火的認識、使用和掌握，是人類認識自然，並利用自然來改善生產和生活的第一次實踐。火的應用，在人類文明發展史上有極其重要的意義。從一百多萬年前的元謀人，到五十萬年前的北京人，都留下了用火的痕迹。人類最初使用的都是自然火，人工取火發明以後，原始人掌握了一種強大的自然力，促進了人類的體質和社會的發展，而最終把人與動物分開。

火種罐

此罐是新石器時代的物件，用來保留火種，待用火時可引燃使用，比臨時取火方便。

放進炭火的氣孔

火的發現及應用

人類最初與動物一樣，對火是害怕的。後來，逐漸發現了火的好處——被燒烤過的獸肉味道更鮮美，於是便主動地利用火。從目前的考古資料看，一百七十萬年前的元謀人遺址就發現了用火的痕迹；而北京人洞穴遺址中也發現有堆積很厚的灰燼，還有被火燒過的獸骨化石等，説明北京人不但已認識火，還能控制和保存火種。從民族學資料看，保存火種主要有兩種方法：一是用篝火積累一定數量的木炭後，將火用灰土封住，使其陰燃，再用時扒開灰土，添上草木引燃；另一種是用朽木或菌類燃燒，然後把火陰熄放置在陶罐內儲存，可隨身攜帶。

人工取火

人類在長期用火的基礎上，發明了人工取火。中國的人工取火大約始於舊石器時代中晚期。最初的人工取火，是利用摩擦生熱。人類在製造石器時，通過猛烈撞擊石頭而產生火星，取得火源。這種方式最初是偶然的，後來發展到有意識地製造。隨着磨製和鑽孔技術的出現，人類又逐漸發明摩擦、鑽木和壓擊等取火方法。

火與人類生活

火的使用，首先使人類形成和推廣熟食生活。特別是人工取火的發明，使人類隨時都可以吃到熟食，減少疾病，促進大腦的發育和體質的進化。而熟食的推廣，還擴大了食物的來源

人工取火的方法

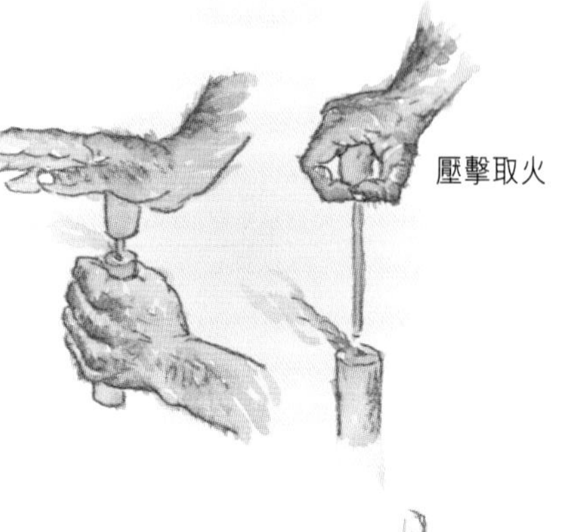

文明的火光

和種類，使人類最終擺脱了“茹毛飲血”的時代。火還給人類帶來了溫暖，從而擴大了人類的活動範圍，使人不再受氣候和地域的限制，並能夠在寒冷的地區生活。

火與社會生產

火是原始人狩獵的重要手段之一，用火驅趕、圍殲野獸，行之有效，提高了狩獵生產能力。焚草為肥，促進野草生長，自然為後起的游牧部落所繼承。最初的農業耕作方式 —— 刀耕火種，就是依靠火來進行的。至於原始的手工業，更是離不開火的作用，弓箭、木矛都要經過火烤矯正器身，以後的製陶、冶煉等，沒有火是無法完成的。

燒骨

灰燼

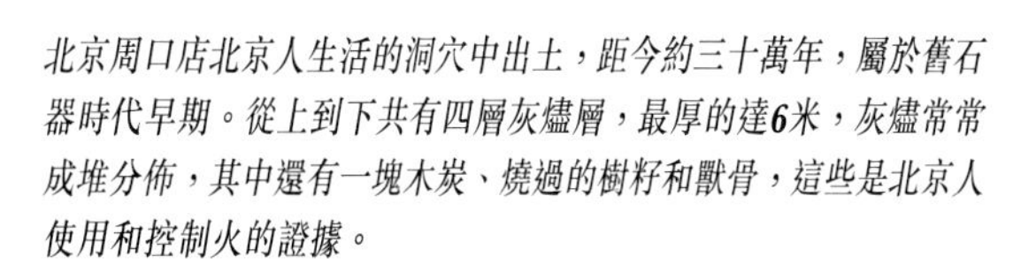

北京周口店北京人生活的洞穴中出土，距今約三十萬年，屬於舊石器時代早期。從上到下共有四層灰燼層，最厚的達6米，灰燼常常成堆分佈，其中還有一塊木炭、燒過的樹籽和獸骨，這些是北京人使用和控制火的證據。

成長中的智人

①早期智人的出現

距今三十萬至五萬年，進入人類演進的第二個階段，早期智人出現，他們也稱為古人。早期智人與猿人相比，手更靈巧，腦容量更大，體質特徵更接近現代人，猿的特徵逐漸減退。中國早期智人的代表有金牛山人、大荔人、許家窰人、馬壩人和長陽人。此時的考古學時代為舊石器文化中期，遺址遍佈華北、東北和華南各地，其代表是丁村文化。

接近現代人的體格

中國早期智人一般顴骨較為前突，眉脊較平直而非前突弧狀，與歐洲、非洲乃至西亞的早期智人明顯不同，已初步顯示出即將出現的蒙古人種的特徵。金牛山人的體質特徵明顯比北京人進步。馬壩人腦量超過北京人，為直立人向早期智人轉變的過渡時期。在嶺南地區發現馬壩人，擴大了中國早期智人的分佈範圍。長陽人嘴部不像北京人那樣突出，與現代人較接近。大荔人腦量約1120毫升，比北京人平均腦量大。體質介於直立人與早期智人之間。

金牛山人頭骨

金牛山人眉骨脊較低，顱骨壁較薄，牙齒也沒有北京人那樣粗壯，腦量達1390毫升。這些體質特徵對於了解從猿人到早期智人的轉變，提供了完整而珍貴的資料。

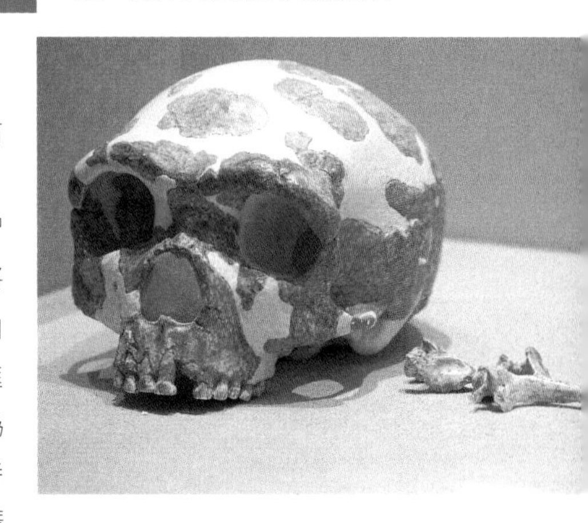

文化特徵

與北京人一樣，金牛山人也會使用火和管理火，石器主要有刮削器，加工較為粗糙。大荔人的石器個體較小，加工簡單。許家窰人石器最多，類型多樣，特別是石球，成為其一大特色。

遼寧 金牛山人 渾河
許家窰人 山西 陝西 黃河 丁村人 大荔人
江蘇 銀山人 湖北 長陽人 長江
桐梓人 貴州
馬壩人 廣東
• 發現人類化石地點

舊石器時代中期和早期智人化石地點分佈圖

使用石球圖

除以手投擲外，石球還可以作為絆獸索，以繩子一端拴石球，投擲石球帶動繩子纏住獸腿，將獵物捕獲。另一種是飛石索，以繩或皮帶包石球，甩帶將石球投出，擊中獵物。在許家窰共發現三百多匹野馬骸骨，應是許家窰人用石球獵取的。因此，許家窰人又有"獵馬人"之稱。

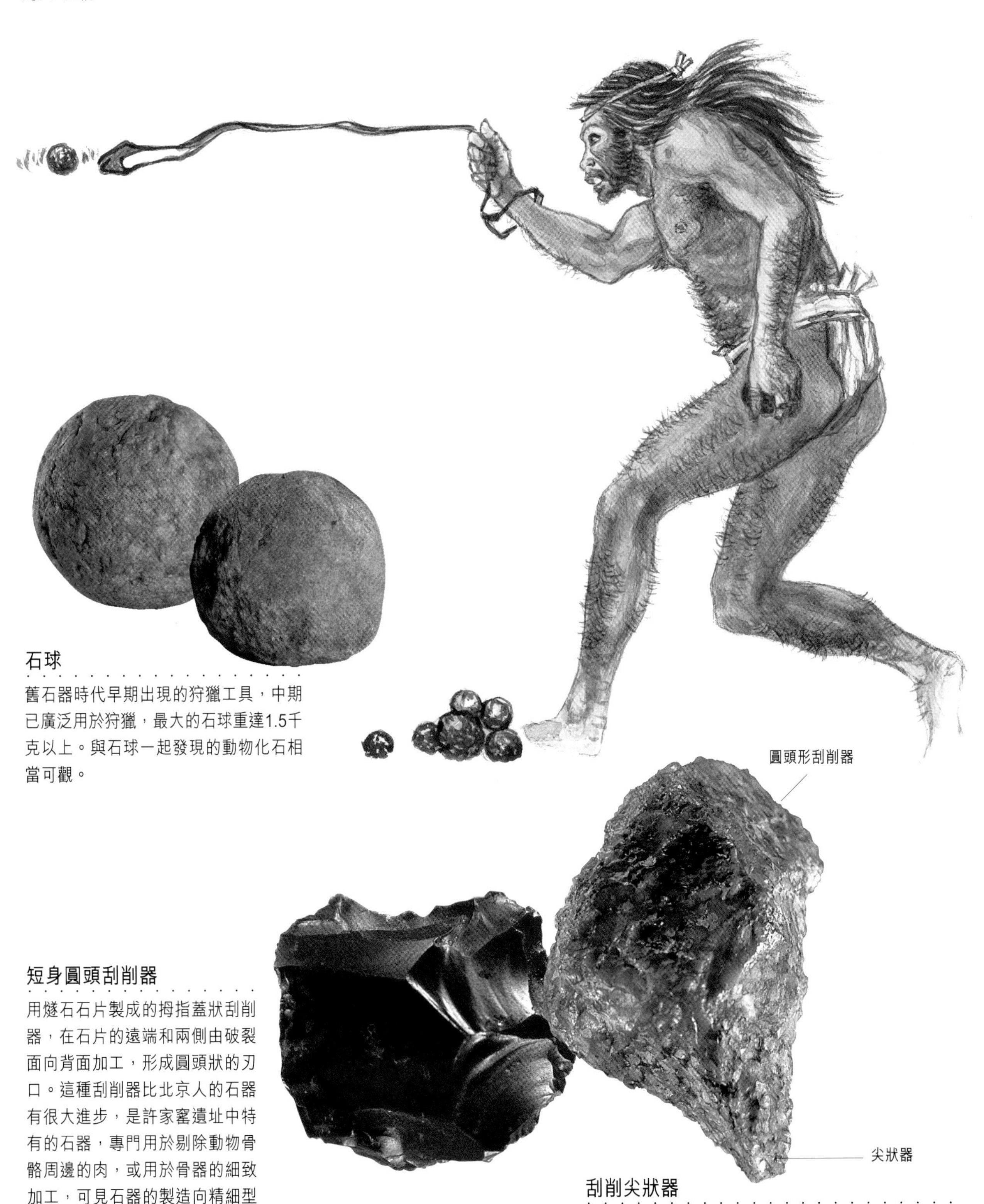

石球

舊石器時代早期出現的狩獵工具，中期已廣泛用於狩獵，最大的石球重達1.5千克以上。與石球一起發現的動物化石相當可觀。

短身圓頭刮削器

用燧石石片製成的拇指蓋狀刮削器，在石片的遠端和兩側由破裂面向背面加工，形成圓頭狀的刃口。這種刮削器比北京人的石器有很大進步，是許家窰遺址中特有的石器，專門用於剔除動物骨骼周邊的肉，或用於骨器的細致加工，可見石器的製造向精細型邁進。

刮削尖狀器

這是將刮削器和尖狀器集合為一個器物的特殊石器。

丁村人的生活

丁村文化是中國舊石器中期文化的代表，主要分佈在陝西東部、山西南部和河南西部。丁村人生活的年代距今二十一萬至八萬年。當時是以草原為主，從溫暖轉向乾冷的自然環境。汾河水很大，水裏有青魚、鯉魚，河岸的淤泥裏有各種河蚌；附近的山上覆蓋着茂密的森林，山前是寬闊的草原，河旁草木繁盛，各種動物出沒其間。丁村人生活在汾河兩岸，在河灘上就地取材製造石器，在森林中採集食物，利用石球等工具狩獵。

丁村遺址

丁村遺址發現於山西襄汾丁村附近的汾河兩岸，共發現二十多個人類生活遺迹，出土屬早期智人階段的人類牙齒化石，及大型尖狀器為特徵的遺物。

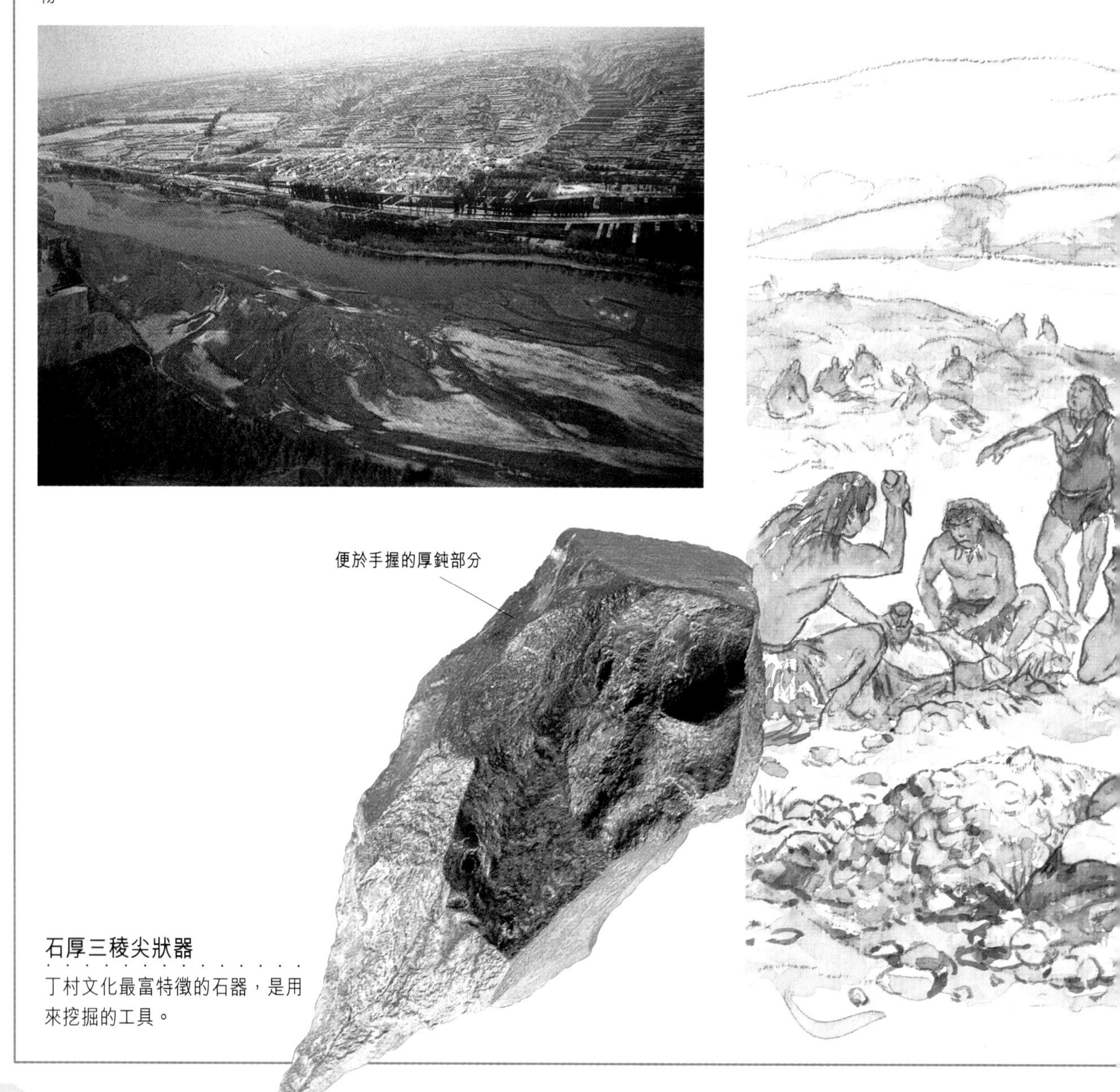

石厚三棱尖狀器

丁村文化最富特徵的石器，是用來挖掘的工具。

商務印書館 讀者回饋咭

請詳細填寫下列各項資料，傳真至2764 2418，以便寄上本館門市優惠券，憑券前往商務印書館本港各大門市購書，可獲折扣優惠。

所購本館出版之書籍：______

購書地點：______ 姓名：______

通訊地址：______

電話：______ 傳真：______

電郵：______

您是否想透過電郵收到商務文化月訊？ 1□是 2□否

性別： 1□男 2□女

年齡： 1□15歲以下 2□15-24歲 3□25-34歲 4□35-44歲 5□45-54歲
6□55-64歲 7□65歲以上

學歷： 1□小學或以下 2□中學 3□預科 4□大專 5□研究院

每月家庭總收入： 1□HK$6,000以下 2□HK$6,000-9,999 3□HK$10,000-14,999
4□ HK$15,000-24,999 5□HK$25,000-34,999 6□HK$35,000或以上

子女人數（只適用於有子女人士） 1□1-2個 2□3-4個 3□5個以上

子女年齡（可多於一個選擇）1□12歲以下 2□12-17歲 3□17歲以上

職業： 1□僱主 2□經理級 3□專業人士 4□白領 5□藍領 6□教師
7□學生 8□主婦 9□其他

最多前往的書店：______

每月往書店次數：1□1次或以下 2□2-4次 3□5-7次 4□8次或以上

每月購書量：1□1本或以下 2□2-4本 3□5-7本 4□8本或以上

每月購書消費： 1□HK$50以下 2□HK$50-199 3□HK$200-499
4□HK$500-999 5□HK$1,000或以上

您從哪裏得知本書： 1□書店 2□報章或雜誌廣告 3□電台 4□電視 5□書評/書介
6□ 親友介紹 7□商務文化網站 8□其他 (請註明：______)

您對本書內容的意見：______

______

您有否進行過網上買書？ 1□有 2□否

您有否瀏覽過商務文化網站 (網址：http://www.commercialpress.com.hk)？ 1□有 2□否

您希望本公司能加強出版的書籍：

1□辭書 2□外語書籍 3□文學/語言 4□歷史文化 5□自然科學 6□社會科學
7□醫學衛生 8□財經書籍 9□管理書籍 10□兒童書籍 11□流行書
12□其他（請註明：______）

根據個人資料「私隱」條例，讀者有權查閱及更改其個人資料。讀者如須查閱或更改其個人資料，請來函本館，信封上請註明「讀者回饋咭-更改個人資料」

請貼
郵票

九龍紅磡
鶴園東街4號
恒藝珠寶大廈二樓
商務印書館(香港)有限公司
顧客服務部收

丁村人的體質比北京人進步，但比現代人原始，是介於北京人與現代人之間的人類，屬於早期智人階段。據發現的丁村人上門齒，其舌面已經明顯呈現出鏟形，這是現代蒙古人種上門齒最突出的特點。

丁村文化最具特點的是石製品，共發現了兩千多件，製作技術較先進，個體較大，尖狀器修整得很平整。多數石器用碰砧法打製，石片角偏大；也有一些石器用石錘打製，石片上可以清楚看到修理過的痕迹。在丁村附近發現十分密集的石器，說明這裏曾經是石器製作場。

丁村人生活圖

中國人的直系祖先

① 三大人種的產生

距今五萬至一萬年，地質年代進入到晚更新世晚期，人類進化到晚期智人階段，也稱新人。其體質形態與現代人已很接近，世界上的三大人種基本形成。在中國發現的晚期智人化石屬於蒙古人種，他們即是現代中國人的直系祖先。這個時期在考古學上屬於舊石器時代晚期。人類已學會了製作衣服，發明人工取火，將磨光技術和鑽孔技術應用於石器製作，發明弓箭和投矛器，居住地從洞穴走到露天。人類跨入初步發達的母系氏族社會。

三大人種的分佈

人類在不同的地區生活，因長期適應自然環境而形成不同的人種。人種是指具有共同起源和遺傳特徵的人羣。人類學家根據人的皮膚、眼睛、頭髮顏色的差別以及其他體質特徵，把現今世界上的人分為三大人種：黃種人（蒙古人種），主要分佈在亞洲和美洲地區；白種人（歐羅巴人種），主要分佈在歐洲；黑種人（尼格羅人種），主要分佈在非洲地區。有的學者從黑種人中再分出棕種人（澳大利亞人種）。黃種人是舊石器時代晚期在中亞和東亞的乾燥草原和半沙漠地帶形成的，然後向各方擴展，與歐羅巴人種和澳大利亞人種混合。白種人最早是在南歐、北非和西南亞地區形成，然後逐步向整個歐洲和鄰近地區發展。黑種人起源於非洲東北部，後擴展到非洲其他地區。

三大人種的特徵

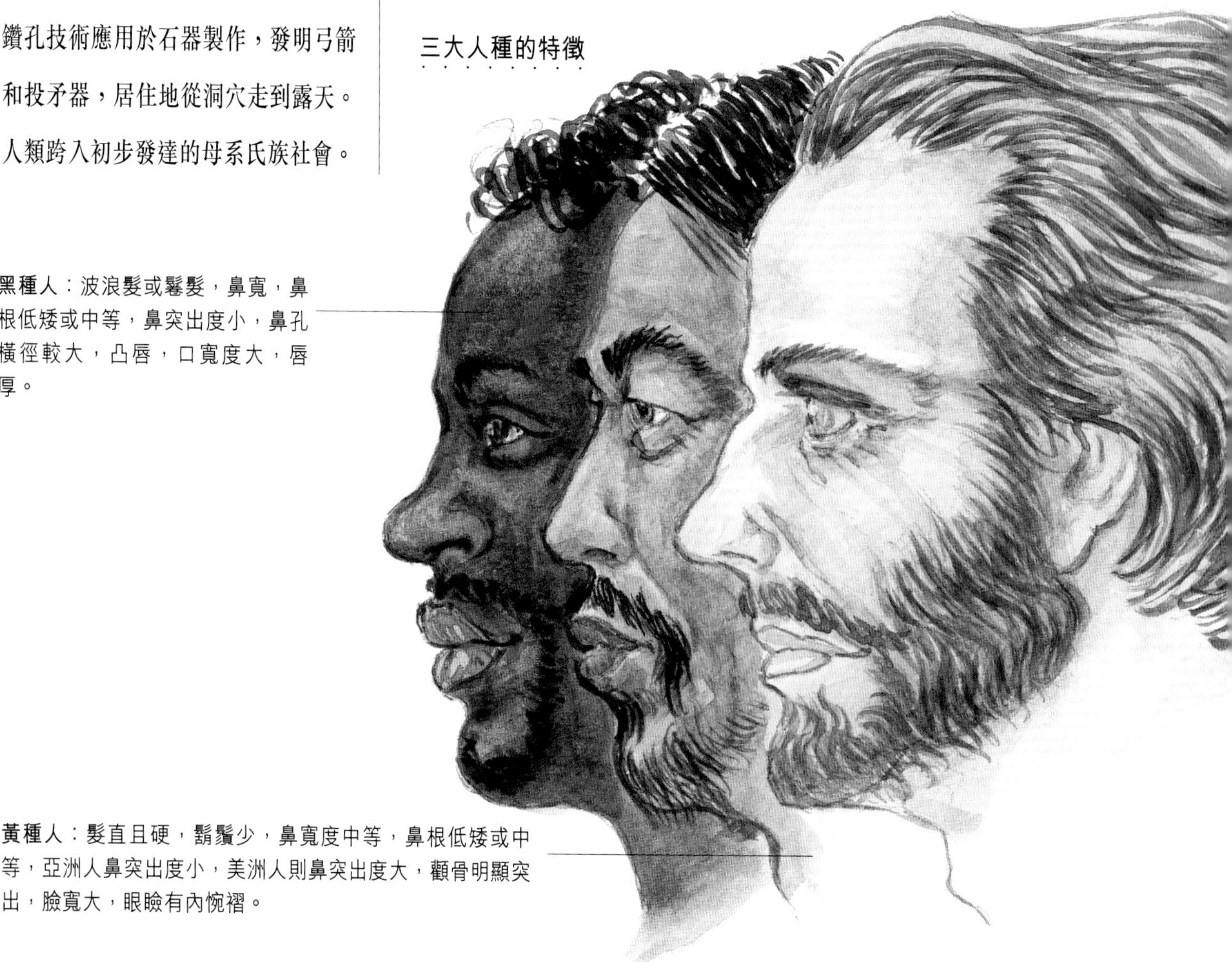

黑種人：波浪髮或鬈髮，鼻寬，鼻根低矮或中等，鼻突出度小，鼻孔橫徑較大，凸唇，口寬度大，唇厚。

黃種人：髮直且硬，鬍鬚少，鼻寬度中等，鼻根低矮或中等，亞洲人鼻突出度小，美洲人則鼻突出度大，顴骨明顯突出，臉寬大，眼瞼有內愢褶。

三大人種的主要特徵

黃種人的特徵是膚色帶黃，但有深有淺，髮直，較硬，鬍鬚少，鼻寬度中等，鼻根低矮或中等，亞洲人鼻子突出度小，美洲人的則突出度大，顴骨明顯突出，臉寬大，眼瞼有內惋褶。白種人膚色偏白，直髮或波浪髮，髮軟，鬍鬚發達，鼻狹高，顯著突出，鼻孔縱徑較大，正唇，口寬度小，唇薄。黑種人膚色黝黑，波浪髮或鬈髮，鼻寬，鼻根低矮或中等，鼻突出度小，鼻孔橫徑較大，凸唇，口寬度大，唇厚。

三大人種形成的因素

人種的各種性狀都與特定的地理區域有關，皮膚的顏色就是明顯的自然適應的例子。其次，隔離也對人種的形成發生作用，由於自然的障礙，使這一區域的人和另一區域的人斷絕往來，長時期在不同的自然條件下生活，發生了種族上的分化。人種混雜也是影響種族發展的重要因素。人類的混雜很早就有發生，而且規模越來越大，幾乎擴展到全世界的各個角落，有些中間類型的人種就是長期混雜的結果。

世界人種分佈圖

白種人：直髮或波浪髮，較柔軟，鬍鬚發達，鼻狹高，顯著突出，鼻孔縱徑較大，正唇，口寬度小，唇薄。

白種人

黃種人

眼瞼的結構

眼皮的內惋褶，是黃種人的特徵之一，與亞洲中部處於風沙或多雪地帶有關，這樣的結構可以保護眼睛免受風沙侵襲，並防止雪光對眼睛的損害。

蒙古人種的祖先——山頂洞人

山頂洞遺址

山頂洞遺址位於北京周口店北京人遺址山頂上的洞穴中，故將居於此地的人稱為"山頂洞人"。在這裏發掘出大批舊石器時代晚期的石器、骨角器和人骨化石。這是山頂洞人的起居室，東西長14米，南北寬8米，在此發現灰燼和石器。

中國發現的晚期智人的代表是山頂洞人，生活在距今一萬八千年前。出土的人骨化石包括八個男女，其體質已很進步，男性身高174厘米，女性159厘米，腦量達1300~1500毫升，與現代人基本一致；屬於原始蒙古人種，但還在形成之中，兼具中國人、愛斯基摩人和美洲印第安人的頭骨形態。因此，也可以把山頂洞人視為上述幾種人的共同祖先，確定了山頂洞人的黃種人的性質。

山頂洞人的家園由居住址、倉庫和墓地構成，這是中國年代最早的居住模式，給新石器時代聚落模式以深遠的影響。山頂洞發現了中國最早的墓地，説明當時已經懂得埋葬死者，喪葬觀念已形成。山頂洞人除捕獲野獸外，還捕魚作為食物的補充。他們製造了骨針，學會了縫紉，用獸皮、獸筋縫製衣物，還有豐富的裝飾品，如用獸牙、小石珠等鑽孔穿成串飾，並染上顏色，説明他們已具備審美意識，而鑽孔和磨製技術的運用，表明生產技術的飛躍。

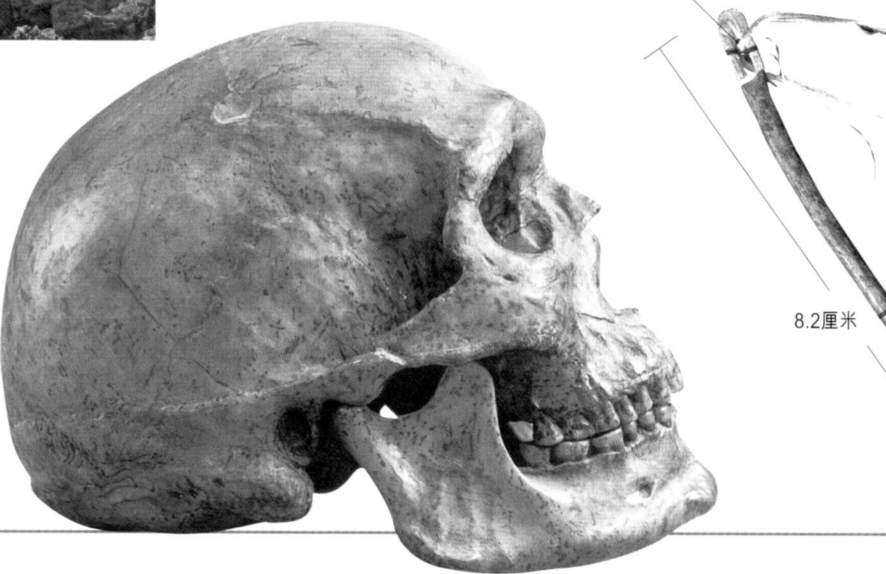

山頂洞人頭蓋骨

距今一萬八千年，屬於舊石器時代晚期。其頭蓋骨形狀已經具有現代人的特徵。

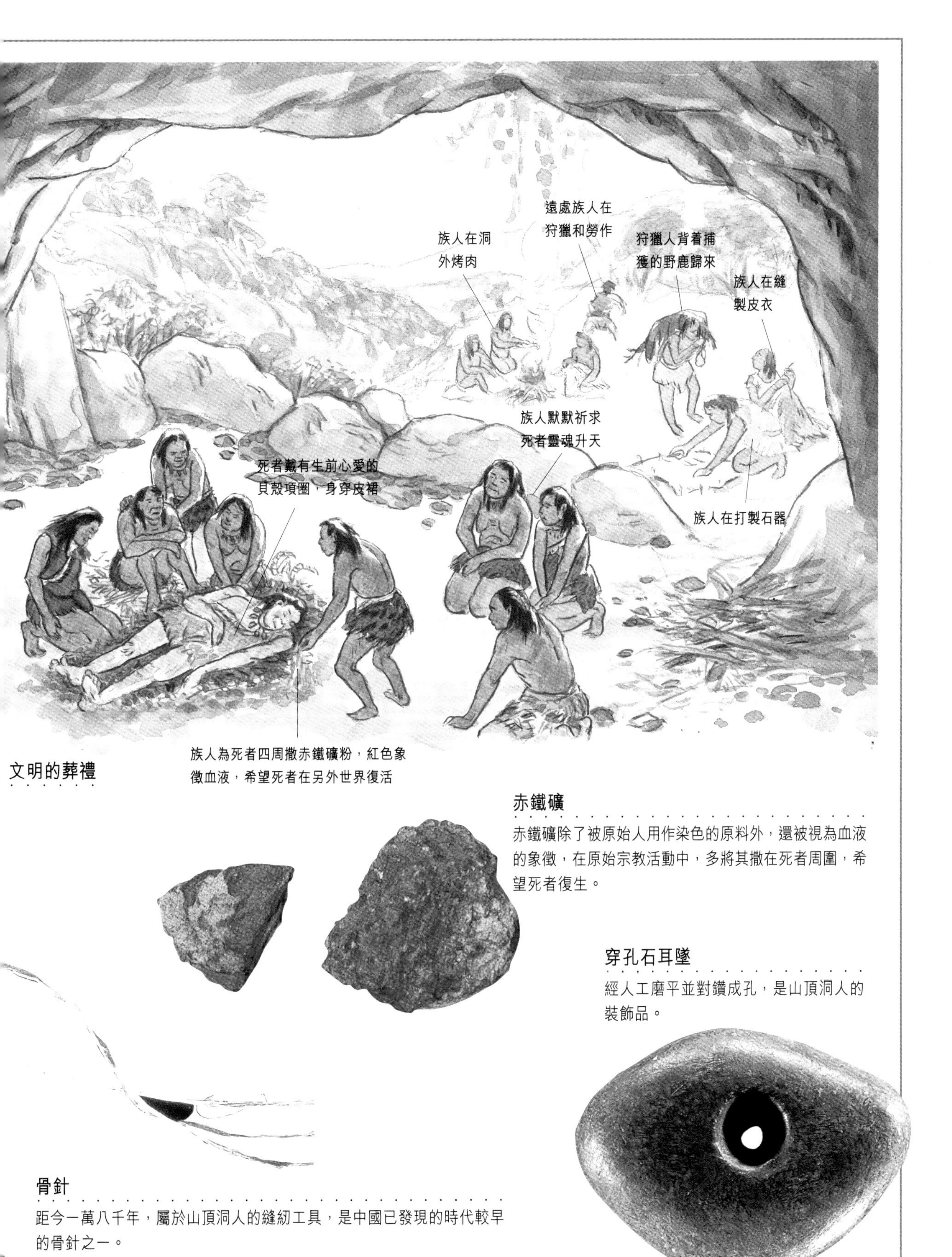

遠處族人在
狩獵和勞作
族人在洞
外烤肉
狩獵人背着捕
獲的野鹿歸來
族人在縫
製皮衣
族人默默祈求
死者靈魂升天
死者戴有生前心愛的
貝殼項圈，身穿皮裙
族人在打製石器
族人為死者四周撒赤鐵礦粉，紅色象
徵血液，希望死者在另外世界復活

文明的葬禮

赤鐵礦

赤鐵礦除了被原始人用作染色的原料外，還被視為血液的象徵，在原始宗教活動中，多將其撒在死者周圍，希望死者復生。

穿孔石耳墜

經人工磨平並對鑽成孔，是山頂洞人的裝飾品。

骨針

距今一萬八千年，屬於山頂洞人的縫紉工具，是中國已發現的時代較早的骨針之一。

中國人的直系祖先

② 遍地開花的細石器

舊石器時代晚期的文化發展空前繁榮，石器加工技術進步，特別是磨光、穿孔等新技術的出現，促進典型細石器*的產生。華北地區呈現小石器和細石器為主的文化，東北及秦嶺至淮河以南的廣大南方地區，均出現大量舊石器時代晚期遺址。不同地區的文化風格體現出區域性特色，構成了這時期文化的豐富性。

華北 —— 細石器的故鄉

中國華北地區在舊石器時代早期的周口店及中期的許家窰，出現了以細小石器為特徵的文化，成為細石器的發源地。在舊石器時代晚期遺址中，中小石器流行，石器多數用錘擊法產生的石片製成，有一部分是用壓製技術修整的，石器類型有鑽具、刮削器、尖狀器、斧形小石刀、石鏃和雕刻器等，明顯繼承了周口店和許家窰的小石器傳統。

東北 —— 白山黑水育新篇

東北地區發現多處舊石器時代晚期遺址，其中以遼寧海城小孤山和黑龍江哈爾濱閻家崗的遺址最值得注意。小孤山遺址距今四萬年，文化遺物有石製品、骨角製品、裝飾品和用火遺迹，雙面對穿的骨針、雙排倒刺的魚叉以及大量裝飾品等，十分精緻。閻家崗遺址距今約二萬二千年，位於松花江右岸的松嫩平原，奔馳在草原上的食草動物成為閻家崗人狩獵的主要對象，獵人在曠野上建造窩棚居住。

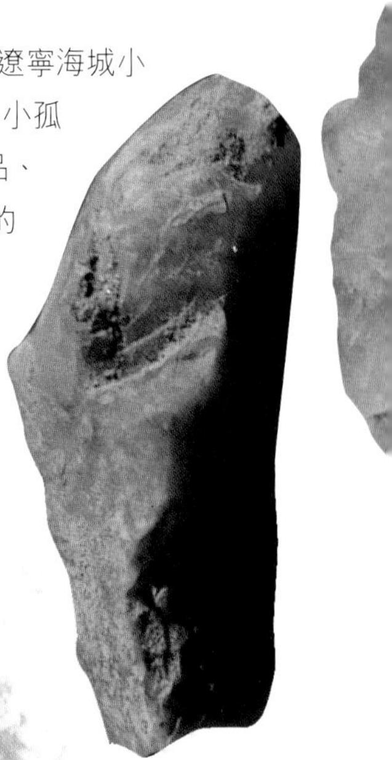

石英石料場

石英石打製的石器

南方 —— 多姿多彩的文化

中國南方大體是指秦嶺至淮河以南的廣大地區，終年保持暖濕氣候，生態環境多樣，形成舊石器時代晚期文化的多姿多彩。晚期智人化石有發現於廣西柳江的柳江人，還有發現於四川資陽的資陽人。柳江人身材矮小，與現代華南和東南亞人較為接近。石器製作在一些地區是小石器為主，表現了與華北地區的聯繫；一些地區則保留了早、中期多大型器的特點。湖北江陵雞公山發現有露天居住的遺址，周圍還有石器加工場和野獸屠宰場。

石單凹刃刮削器

在薄石片邊緣加工成刃，刃緣勻稱，可用來製作其他簡單的生產工具。

刮削器

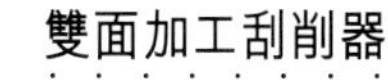

雙面加工刮削器

簡單工具主要用來從事生產活動，亦可用於製作其他工具。

長身圓頭刮削器

斧形小石刀

用半透明的水晶石加工而成，作切割之用。加工精細，器形規整美觀。

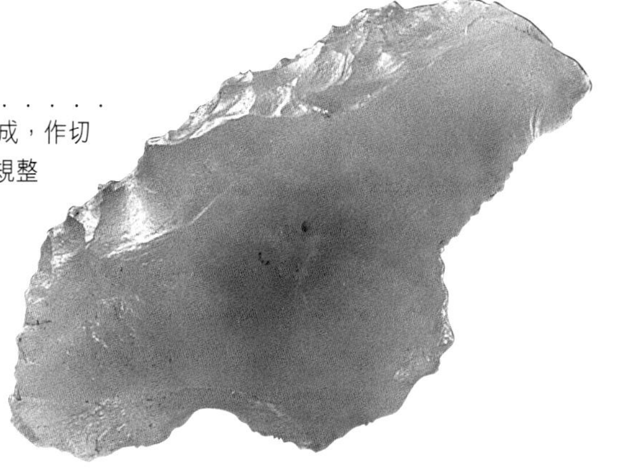

***細石器：** 以間接打擊或壓製技術製造或加工細致的小石器。通常鑲嵌在骨、木質的柄、桿上，充作刀、箭、矛等複合工具的尖或刃部使用。細石器在中國分佈十分廣泛。

小辭典

中國人的直系祖先

③ 走出蒙昧時代的流浪獵人

距今約一萬年，進入地質史上的全新世時期，地球的最後一次大冰河期結束，氣候由乾冷變得溫暖。隨着自然條件的改善，人類活動範圍隨之擴大，生產技術水平提高，生活亦發生顯著變化。這巨大的轉變過程表現在考古學上，便是從舊石器時代向新石器時代過渡。這個過渡時期，稱為中石器時代。從此，我們的祖先走出蒙昧時代，人類歷史翻開了新的一頁。

生活方式

中國中石器時代的遺址數量不多，但分佈廣泛，以黃河流域為中心的華北地區，東北、內蒙古、新疆等北方草原地區及西藏高原都有發現。這個時期的人類依然主要依賴採集和漁獵，農業和畜牧業還沒有出現。人羣中的生產勞動已經開始分工，婦女和小孩負責採集，男人狩獵。生產工具是間接打製而成的典型細石器，磨製石器少見，陶器還沒有生產。

婦女採集與勞作

採摘野生植物的果實和挖掘植物根莖為食，是原始人類重要的生活資源，也是早期人類不可缺少的謀生手段。採集為原始農業的發明創造了重要的條件。採集多數由婦女和小孩擔任。工具比較簡單，尖木棒和木製鶴嘴鋤是最常用的。石器中的刮削器，除了切割獸肉外，還用來刮製和修整工具。石製尖狀器用來挖掘植物的根莖。

飾珠

河北陽原縣虎頭梁出土，距今一萬四千年，屬舊石器時代晚期。飾珠用鳥骨製成，可以穿繩佩戴。

海拉爾和昂昂溪細石器

海拉爾和昂昂溪皆地處大興安嶺西部草原地帶，自古就適宜畜牧和狩獵。這些細石器體積細小，加工精細。

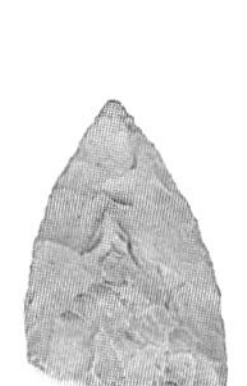

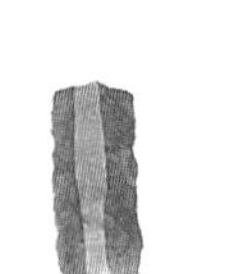

魚叉

用鹿角製，是中國發現的惟一一件舊石器時代的魚叉。採用切、鋸、刮削和磨製等技術製成，既體現了小孤山人製作工具技術的進步，又反映出他們已使用先進的魚叉捕魚。

男人狩獵與捕魚

狩獵也是重要的衣食之源。動物的肉是美味食品，皮毛可以製衣禦寒，骨角、牙齒則可以製作工具和裝飾品。舊石器時代中、晚期，人類發明了弓箭，它速度快、射程遠，使狩獵增添了一種新武器。這時期的遺址發現了很多石鏃，一般同出的還有大量的獸骨，説明人類普遍使用弓箭，提高了狩獵能力。

細石器流行

中石器時代最顯著的特點是石器向細小化發展，大量採用間接打擊法和刮削法製作石器、雕刻器及石鏃等，表現出明顯的進步。這些石製品是中國細石器文化的代表。細石器的產生和發展，使木器和骨器大量出現，與當時的採集、漁獵生活有密切關係。農業出現後，石器便逐漸衰落了。

歷史小證據

弓箭發明促進狩獵業

弓箭是狩獵工具，具有強大的殺傷力。弓箭出現後的人類遺址中，發現的大型動物如野馬等化石漸增多，説明弓箭的發明，促進了狩獵。舊石器時代晚期出現的弓箭，是相當複雜的工具，發明弓箭需要長期積累的經驗和發達的智力。人們已經能將物體的彈力和人的臂力巧妙結合起來。摩爾根將弓箭作為人類進入蒙昧時代高級階段的標誌。石鏃是將石器放在磨石上磨光製成的最早的弓箭頭。

石鏃

這是狩獵時當作箭頭用的重要武器。

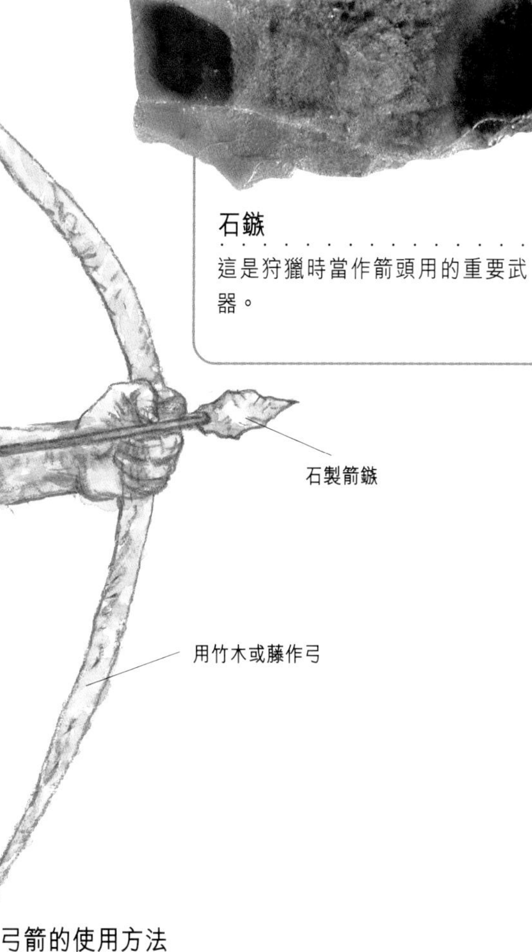

弓箭的使用方法

人用臂力拉起弓、弦、箭，產生強大的彈力，將箭彈射出去。

中國人的直系祖先

④ 骨角器與鑽孔技術

利用動物的骨、角製作工具，在舊石器時代早期即已出現，到中、晚期，隨着狩獵活動的進一步發展，人們獲得更多的骨角原料，製造和使用骨角器便日益普及。舊石器時代晚期，人類開始掌握磨製和鑽孔的新技術，這是原始工藝史上劃時代的事件。人類對製作工具不僅有更高的技術要求，還需要外型美觀，這為新石器時代工藝的發展奠定了堅實的基礎。

骨角器的製造與應用

獸骨和鹿角很堅硬，用以製作挖掘工具，顯然比石器效率更高。早期的骨角器多為打製而成，一百八十萬年前的山西西侯度遺址出土的鹿頭骨就有人工砍斫和切割的痕迹；稍後的北京人遺址、山西許家窰遺址及峙峪遺址等均發現有大量的骨角工具。北京人還發明燒製骨角器的方法。骨角器用途與石器基本一樣。北京人把截斷的鹿角尖用作挖掘工具，剩下的鹿角根作錘子，將野獸肢骨製成尖狀器和刀形器，用鹿頭骨打製成盛水器皿。

磨製與鑽孔技術

磨製一般是在砂石上加水進行的。北京周口店、遼寧金牛山、貴州興義縣貓貓洞均出土經過磨製的獸骨。山西峙峪遺址出土的一件石墨裝飾品，呈橢圓形，一面磨製得很光滑。山西下川遺址出土了一件由粗砂岩製成的研磨盤，中間因多次研磨已凹成圓坑，此盤顯然是用來磨製石器的。鑽孔的方法有多種：一是利用尖狀器挖孔；一是用堅硬的木器作鑽，以兩手搓動，木器頭可加石製鑽頭，在孔中加砂子幫助研磨，此方法後來發展成弓弦法，即用弓子帶動木棍旋轉。還有以削尖的細竹竿穿孔。

山頂洞石層中的蚌殼

在山頂洞人的居住地中，常見食用後丟棄的蚌殼，這些蚌殼應是製作刮削工具和裝飾品的豐富原料。蚌應來自龍骨山前的河流。

山頂洞石層中的鹿腿骨痕迹

鹿腿骨應是製作骨器的原料。在山頂洞人的裝飾品中，有用鹿牙穿孔造的飾件。

穿孔蚌器

這是以盛產在長江流域大河蚌製成的工具，可以用來挖掘鬆土或刮削獸皮。中間的穿孔是用石製尖狀器鑽磨而成的。

磨製與鑽孔的應用

磨製技術出現後，首先應用到骨器製作上。以磨製和鑽孔技術製作的器物，主要為工具和裝飾品。山頂洞人使用的骨針，表面磨製光滑，針孔是用極尖銳的利器挖成，這樣一根小巧精致的骨針要經過選材、刮磨、鑽孔等多道工序造成，其製作技術的進步可見一斑。

舊石器時代晚期人類已有了審美的觀念，新技術多運用於製作裝飾品上。山頂洞出土的穿孔的獸牙、石珠、小礫石、骨管等器，鑽孔技術已相當成熟，如小礫石的孔是兩面對鑽，位置準確，這只有在製作技術發展到一定水平的時候才能達到。

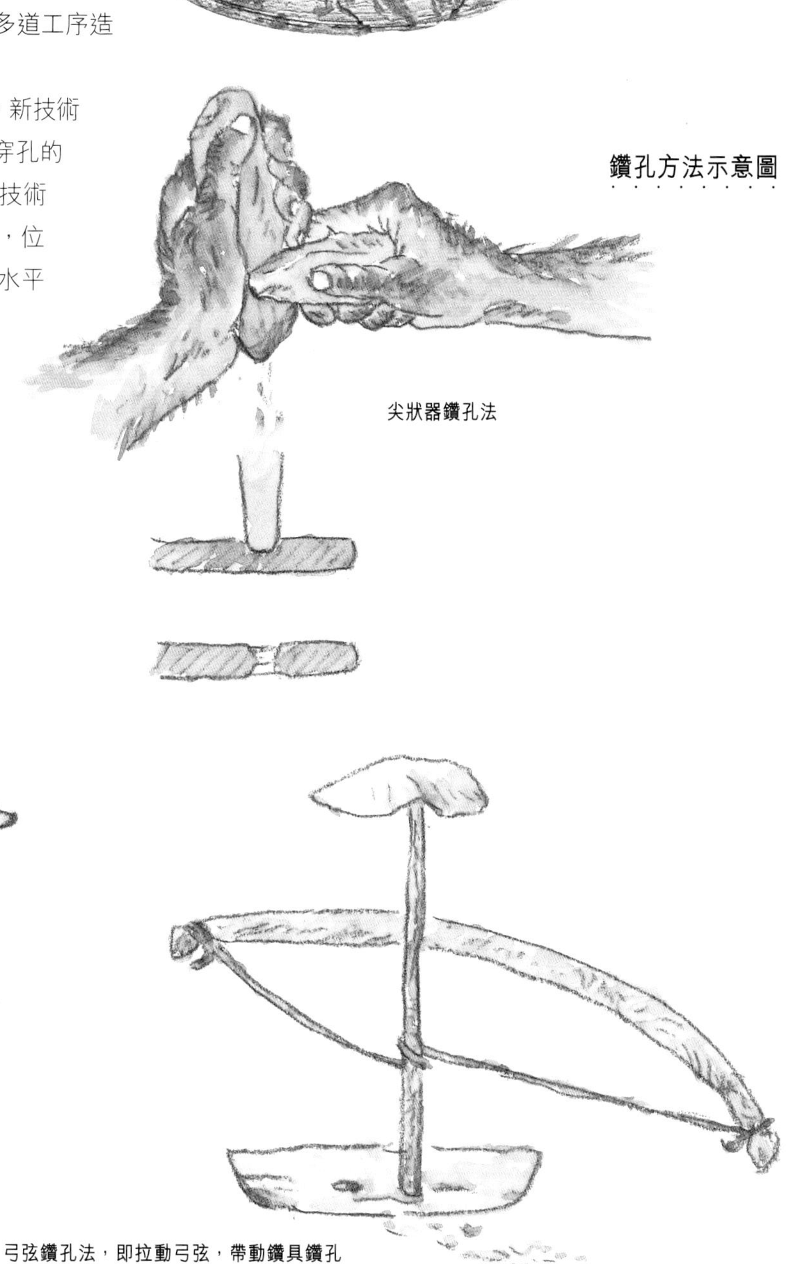

鑽孔方法示意圖

尖狀器鑽孔法

骨角器鑽孔法

弓弦鑽孔法，即拉動弓弦，帶動鑽具鑽孔

新石器時代至夏朝

1 萬年前 ～ 3600年前

- 彩陶與玉石閃爍着文明的曙光
- 神廟與祭壇顯示着神權的威嚴
- 降服洪水的英雄譜寫壯麗詩篇
- 城邦征戰中孕育着王朝的誕生

新石器時代的先民

①新石器時代的標誌

距今一萬年前後，人類從攫取經濟過渡到生產經濟，開始定居，從事農業、飼養家畜、製作陶器，石製工具的製作方式發生了重大改變，由原來的打製轉變為精細加工的磨製，人類從此進入新石器時代，文化面貌發生了巨大變化。這場人類歷史上的大變革，被稱為新石器時代革命。

新舊的界限

新舊石器時代怎麼劃分？考古學家最初是以打製石器到磨製石器的製作技術變化來區分的，但是磨製石器在舊石器晚期已經出現，因此現在將定居、製陶和農業的出現，作為新石器時代發端的三個重要標誌。因世界各地自然環境和舊石器時代文化背景的不同，這三者出現的順序並不一致。中國新石器時代早期遺址目前僅在華北、長江中游和華南發現一些，如江西仙人洞和吊桶環遺址正處於這個階段。這些發現説明中國的先民在距今一萬至八千年前已經會製作陶器，發明了農業，可能已經定居。從那時起，中國的歷史已邁入嶄新的新石器時代。

碳化稻穀

淮河流域出產的稻，已經碳化，屬於粳稻類型。

最早的稻作農業

一萬年前的農業遺存在長江中游地區發現最多。湖南道縣玉蟾岩發現的一萬年前的稻穀，是世界上最早的人工栽培稻。在湖南澧縣彭頭山遺址、河南舞陽賈湖遺址、江西萬年仙人洞和吊桶環遺址等都發現了這時期的栽培稻遺存，表明至少在距今一萬年至八千年前後，在長江中下游和淮河流域，中國先民已開始培育水稻，稻作農業已經產生。

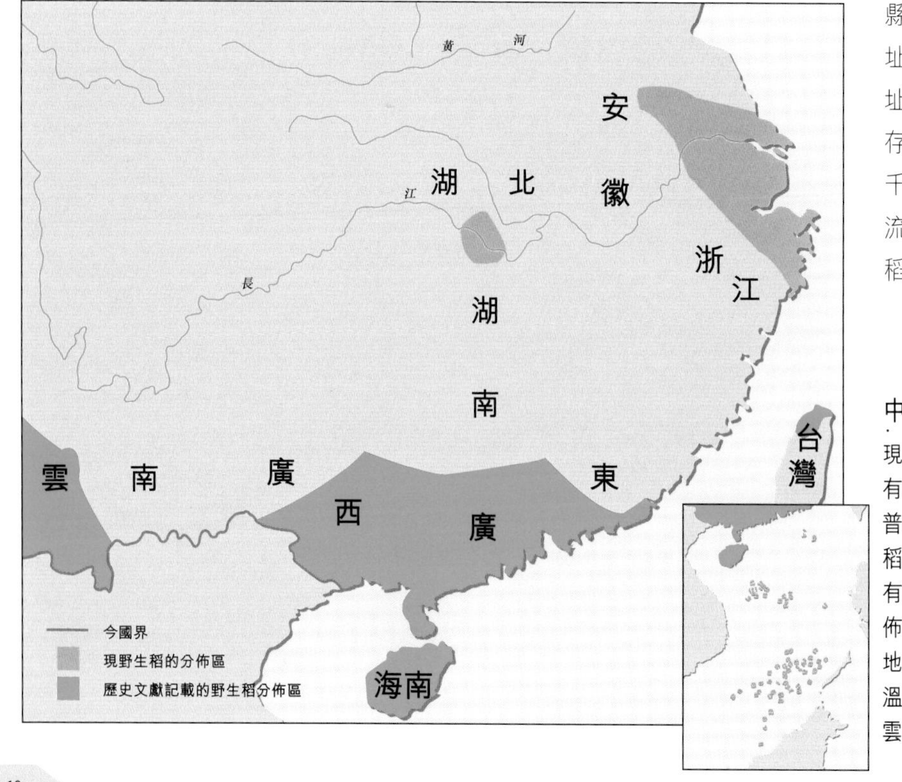

中國野生稻分佈圖

現在中國的雲南及長江中下游地區還有野生稻的存在。中國野生稻主要有普通野生稻、疣粒野生稻和藥用野生稻三種。用於栽培的是普通野生稻，有秈稻和粳稻兩大類型。秈稻主要分佈在華南熱帶和淮河以南亞熱帶低地。粳稻分佈在太湖地區、淮河以北溫度較低地區、華南海拔較高地區和雲貴高原。

狗尾草

粟是由狗尾草栽培而成，現時野生的狗尾草有長圓形的穀粒。狗尾草是很普遍的植物，在中國大部分地區都有生長，容易栽培。

陶釜

湖南玉蟾岩遺址中發現的一萬年前陶器，形制簡單，器壁內外飾以繩紋。夾粗砂，質地疏鬆，製作粗糙。

定居生活

定居生活下，人類除了耕作，還開始製造陶器。自從有了陶器，人類可以貯水以備隨時飲用，還可以蒸煮熟食。陶器的發明是原始社會科學技術的一次飛躍。河北徐水南莊頭距今一萬年的遺存，是人類定居的典型例子。當時已經有簡單的罐、缽一類陶器，並開始飼養家畜。

江西萬年仙人洞聚居地遺址

這是距今一萬年前的新石器時代早期洞穴遺址，發現於江西萬年縣。具有華南地區新石器時代聚居地的特徵。從出土的石器和動物遺址分析，這裏的先人與中原地區不同，主要是依靠捕魚和採集為生，尤其是陶器燒製技術較發達。

新石器時代的先民

② 黃土地的兒女

距今八千至七千年，中國進入新石器時代中期。黃河中游地區地處黃土高原東端，黃土因風化的原因，土壤結構均勻、鬆散，且蘊含自然肥力，適宜耐旱植物生長。這時期的前仰韶文化遺址中，普遍發現粟類的遺骸，可見這裏應是中國旱作農業起源地。肥沃的黃土地是先民賴以生存的基地，從這意義上講，前仰韶文化*居民堪稱黃土的兒女。與前仰韶文化關係最密切的是其東鄰 —— 黃河下游的居民。

發達的農業

前仰韶文化具有代表性的文化有磁山文化、裴李崗文化、老官台文化等，分佈範圍在後來的仰韶文化區域之內，如河南、陝西、河北等省，與仰韶文化有繼承關係，被稱為前仰韶文化。這時期經濟以農業為主，發現有石製農具、陶器及糧食等，特別是磁山遺址窖穴中發現的遺存，總量竟達10萬斤！如此豐富的遺存，標誌着前仰韶文化時期農業生產已經跨越了最初的階段。

東面的鄰居

位於黃河下游的山東地區有後李文化及北辛文化。當時以原始農業為主，還飼養豬、雞等，而最具特色的是陶器的製作。後李文化的陶器主要用泥圈套接方法製造，還不曾使用泥條盤築法。北辛文化繼承後李文化，但分佈範圍擴大，已能用泥條盤築法製作陶器，器類大為豐富，尤其是三足器迅速增加。前仰韶文化與黃河下游地區有文化交往，如後李文化和北辛文化中的三足缽、圈足碗明顯受到前仰韶文化的影響。

黃土高原

這是陝北黃土高原，地勢西北高，東南低，海拔1000 ～ 1600米。由於土層疏鬆，表土流失，高原地面形成溝壑縱橫。

尖底瓶的使用方法

尖底瓶的設計是瓶的重心高，又是尖底，放入水中會自動傾倒，使水流入瓶內。水灌滿至三分之二時，重心會逐漸降低，瓶自動直立，水不再流進瓶口，汲水十分便利。

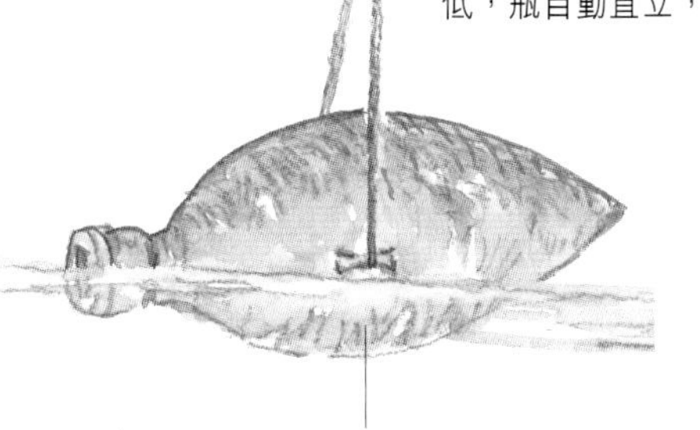

1. 將瓶放入水中，使水流入瓶內

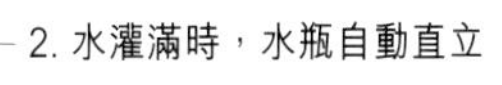

2. 水灌滿時，水瓶自動直立

雙耳壺

容水器。雙耳便於手提或繫繩攜帶。

瓶高30厘米，容水量3公升

瓶有兩耳可繫繩，便於攜帶

尖底瓶

這是最早出現的專用汲水器，在黃河流域廣泛使用。

陶鼎

飲食器。下有三足，可使火焰充分燃燒。這種炊食陶器最早在黃河流域出現，流行數千年。商周時代代表王權的禮器青銅鼎，就是由陶鼎演變而來。

***仰韶文化：**考古學家將有同類型的物質遺存，如陶器、石器、居址、墓葬、裝飾品等，以首次發現的地名命名，作為考古學文化上的名稱。如仰韶文化便是以首次發現於河南澠池縣仰韶村而命名，後將與其物質文化面貌相同的遺址，統稱為仰韶文化。

小辭典

新石器時代的先民

③ 草原上的原始部落

新石器時代中期，分佈在中國東北平原南端的西遼河、大凌河流域的是具有農牧經濟特徵的原始村落，先民選擇臨水的山坡台地構築聚落，從事不太發達的農業，積極展開畜牧、狩獵經濟活動，構成富有北方草原色彩的史前文化面貌。

生活形態

興隆窪文化是以內蒙古赤峯市敖漢旗興隆窪遺址而命名的，主要遺址包括興隆窪遺址、內蒙古白音長汗遺址和遼寧查海遺址。值得一提的，還有與遼西古文化區相鄰的內蒙古涼城附近的岱海地區。從出土的石器來看，興隆窪文化的農業與黃河流域前仰韶文化一樣，也脱離了最初的階段。從大量動物骨骼和野生植物果實的出土，以及生產工具多見狩獵工具來看，狩獵和採集是興隆窪先民主要的謀生手段，而農業不及黃河流域發達。這與東北地區的地理、氣候等特徵有直接的關係。

環壕聚落內的氏族公社

興隆窪村落居住形態最具特色的是其環壕聚落，可説是目前中國年代最早且保存得相當完整的史前聚落遺址，考古學家稱為“草原第一村落”。聚落四周有圓形壕溝，聚落內有一排排房屋，表明聚落內部的居民應具有親密的關係。這種聚落以房子數目推算當時的人口數目，約為二百人，與民族誌材料中一個氏族的人口數相當。從聚落內的房屋及佈局看，單個房屋住一個家庭，若干單個房屋組成一排房屋，便是一個家族，整個聚落的居民屬同一氏族。另外，白音長汗遺址分成南北兩個聚落區，各自有壕溝環繞，最窄處僅相隔10餘米，説明兩區的聚落應是相鄰的兩個氏族公社。

興隆窪聚落遺址

興隆窪聚落遺址位於敖漢旗寶國吐鄉興隆窪村東南1.3千米的一座低崗上。該聚落四周環繞圓形壕溝，聚落內按西北—東南向佈置十排房屋，皆為長方形或方形的半地穴建築，一般房址面積為數十平方米，在聚落中央部位發現兩座大房子，房子最大的面積達140餘平方米。

東北先民的保護神

興隆窪文化的宗教較突出，尤其是龍和女神。查海遺址發掘出大型石塊堆塑龍和龍紋陶片，這是目前中國境內發現的最早的龍的形象，可能是龍的始祖，影響到後來的紅山文化，以及整個中華文化。另外，白音長汗遺址

內蒙古草原

草原是新石器時代先民主要生活地區之一。

“之”字紋筒形罐

興隆窪文化的典型手製陶器，用泥圈套接捏合而成，為夾砂陶。筒形罐形制不一，除主要作炊器外，也當作盛器。

查海文化玉玦

這玉玦距今約八千年，是迄今世界上最早的玉玦。古人把環形而帶缺口造型的玉器稱為玦。

出土的石雕女神像，開紅山文化女神像的先河。龍和女神可能是興隆窪文化居民的保護神。興隆窪的埋葬制度很特別，一是把死者安葬在生前的居室內，二是把死者葬在聚落附近的山頂上，似乎未見到另外的墓地。居室葬取意守土，山頂葬取意升天，即反映興隆窪文化先民對天神和地母的信仰。

玉器的源頭

興隆窪文化是中國最早製作玉器的史前文化之一。興隆窪居民製玉時，使用琢磨和鑽孔技術，製成了玦、蟬、管形飾等精緻玉器藝術品，不僅把中國琢磨玉器的歷史上推到距今約八千年，也成為後來高度發達的紅山文化玉器文化的源頭。

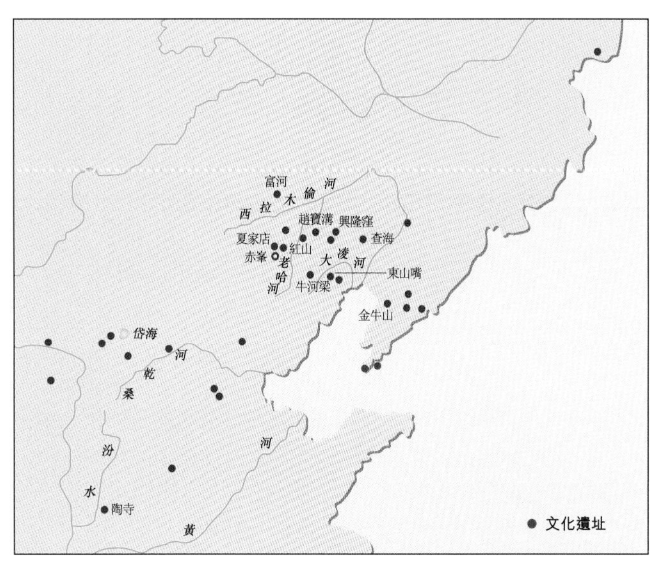

北方新石器時代早期文化分佈圖

新石器時代的先民

④ 並非蠻荒的長江流域

長江流域在中國古代文獻中曾被描述為原始落後的蠻荒之地。考古發現證明，長江流域新石器時代文化出現的時間不比黃河流域時代晚，文化發展水平也不低於黃河流域，像浙江公元前5000至前3300年的河姆渡文化，手工業及農業均發展到了相當高的水平。長江流域同樣是中華民族的搖籃之一。

骨耜

骨器是生產工具的主體，在河姆渡遺址中出土共百餘件。這種器物用鹿、水牛的肩胛骨加工製成，由於其形狀類似後世翻耕土地用的鍤，故有學者認為是挖土深耕的農具，但亦有認為是平整土地和除草用的工具，是河姆渡文化的典型農具。

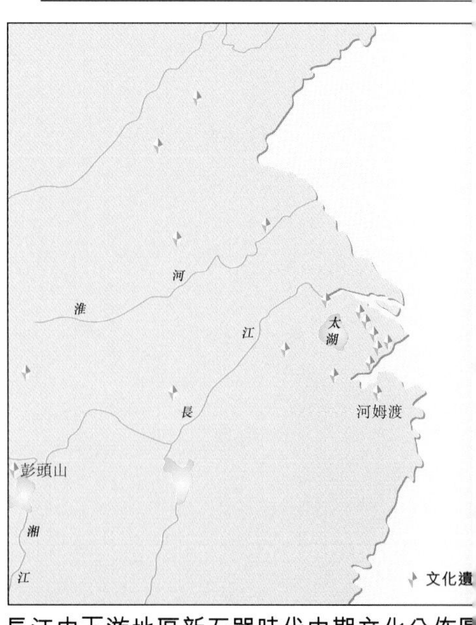

長江中下游地區新石器時代中期文化分佈圖

手工業發達

長江流域的手工業 —— 石器、陶器、骨器、木器製作均達到了很高的水平。陶器皆手製，流行以稻殼、稻莖、葉碎末作摻和料的夾炭黑陶，燒成溫度達到攝氏八百至一千度。河姆渡文化以骨器最富特色。骨器是生產工具的主體，以動物肩胛骨、髖骨製作耜、鋤、鍤等多種形式的農具，其體輕靈巧，適宜在水田耕作。河姆渡遺址還出土精美的象牙製品，及中國迄今發現的最早漆器。

農業為主

當時河姆渡屬於亞熱帶南部氣候，年平均氣溫比今日高攝氏三至四度，年平均雨量比今日多800毫米，相當於今日海南島以及越南、老撾河谷平原的氣候。適宜的氣候，給河姆渡文化居民發展農業提供了良好的條件。在河姆渡不僅發現了大量的稻穀遺存，而且還發現不少用鹿或牛的肩胛骨製成的骨耜以及木耜、穿孔石斧、雙孔石刀和舂米的木杵等先進的農業工具，表明稻作農業生產已達到相當高的水平。依附於農業的家畜飼養亦已出現。

朱漆瓜稜形碗

盛食器。內外均施朱紅色顏料，性能與漆相同，早在原始社會時期，漆器已在生活用品中出現。

鳥身形柄

鳥頭形柄首

聚居干欄屋

當時的聚落有大型地面建築和小型半地穴式兩種，聚落外有環壕和圍牆，可防禦野獸入侵，也是史前城垣的萌芽。聚落內的建築有半地穴式、地面式和干欄式。干欄式房屋長達數十米，分為若干居住單元，小房間通常住着一個個小家庭，而同屬一個家族或氏族的住在同一建築內。一個村落便是由這樣若干座房屋組合而成的氏族公社。這種干欄式建築直到20世紀50年代在中國海南島黎族居住區仍能見到。這種干欄式建築栽樁架板高於地面，當地居民稱為高腳欄，上面住人，下面飼養家禽家畜，頗適宜暖濕多雨的環境。

象牙匕狀器

遠古時代東方民族多以鳥為族的圖騰或崇拜對象，此器全體作鳳鳥形，應是圖騰崇拜的反映。

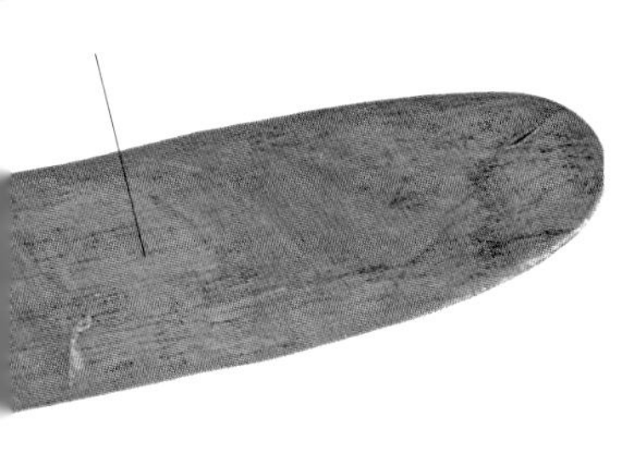

初步發達的物質文明

①南北兩大農業經濟區的形成

新石器時代中期的農業比早期有一些發展。因中國南北方地理環境和氣候條件的差別，各地農業的發展水平不盡一致。總體來看，新石器時代中期已經從刀耕火種階段邁進鋤耕農業階段，黃河和長江流域分別作為北方旱作和南方稻作兩大農業區得以初步形成。

南北不同的氣候環境

距今七八千年前的新石器時代中期，華北一帶的氣候溫暖濕潤，平均氣溫比現在高攝氏二至三度。各氏族部落聚居地附近蘆草叢生，湖泊密佈，遠處有茂密的森林，飛禽走獸出沒其間，在動物羣當中，今日多分佈於長江以南的花面狸、獼猴等也在華北地區出現，溫暖濕潤的氣候加上廣泛分佈的黃土，使華北地區成為中國粟作農業的起源地。長江流域河流縱橫，湖泊密佈，是方圓千里的水鄉澤國，再加上擁有類似現今亞熱帶的氣候，適於水稻生長，在新石器時代早期稻作出現之後，逐漸加大了在經濟作物當中的比重，初步形成了稻作農業區。

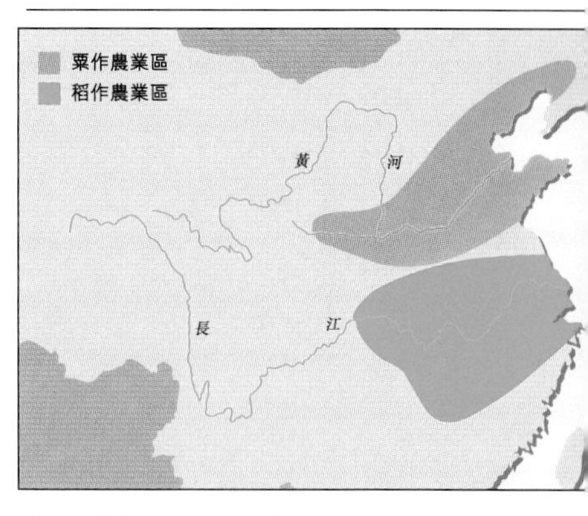

南北兩大農業經濟區圖

公元前7000~前5000年，黃河流域形成以種植粟和黍為主的粟作農業區。同時，長江流域則形成了以種植稻穀為主的稻作農業區。

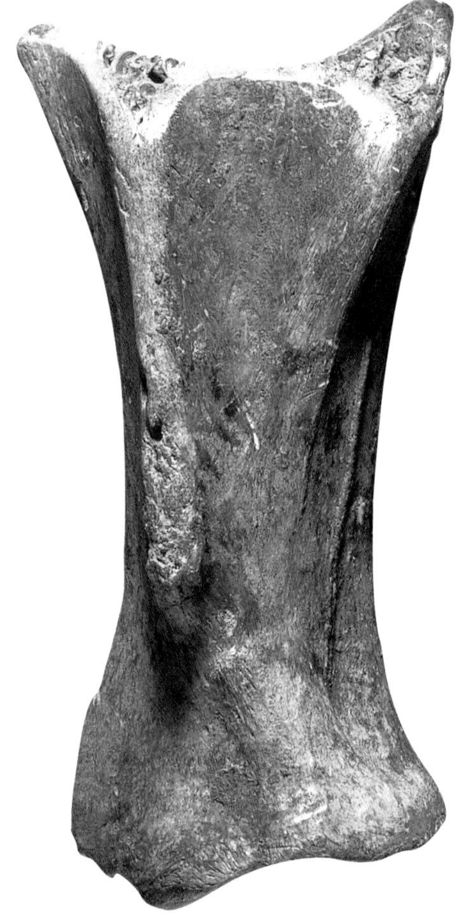

骨耜

骨耜用動物肩胛骨、髖骨製造，輕便省力，黃河和長江流域的先民廣泛用作為翻土農具。

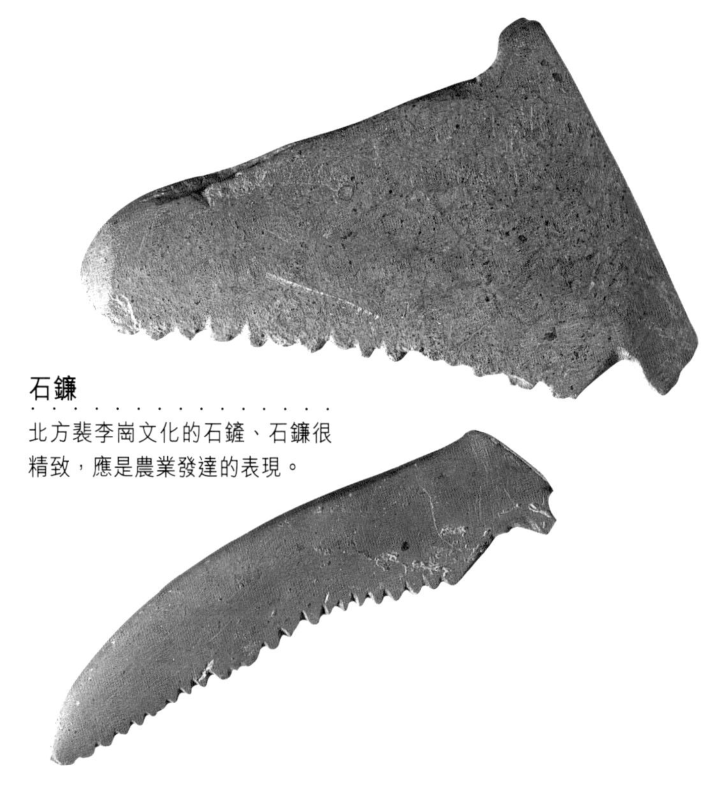

石鐮

北方裴李崗文化的石鏟、石鐮很精致，應是農業發達的表現。

北方旱作農業區

北方旱作農業區又可分為以中原地區為主的黃河流域經濟區和以遼河流域為主的東北經濟區。黃河流域的地理環境、氣候條件和動植物羣落大體相同，因而農業經濟面貌極為相似，當時從砍伐森林、翻土、播種到收割和加工，已初步形成系列化生產，而從考古發現10萬斤以上的粟類遺存，足以説明當時旱作農業生產的規模。東北地區的農業發展水平已脱離最初的階段，生產工具的種類涵蓋了從掘土到加工的各個環節。但由於氣候條件的制約，經濟生活還應是狩獵和採集為主，農業不及黃河流域發達。

碳化稻穀

河姆渡遺址發現的穀粒，很多稻還保持原來的外形，連穀殼上的稃毛都清晰可辨，經鑒定主要屬於栽培稻的籼亞種晚稻型水稻。

南方稻作農業區

長江中下游地區是中國史前栽培稻遺存最豐富的地區，淮河流域也是中國稻作農業的重要起源地。長江中游的澧陽平原介於武陵山脈與洞庭湖盆地之間，屬河湖沖積平原。農業的遺存有稻，這些稻常常作為摻和料加到陶片中，數量可觀，説明其稻作農業的發達。長江下游的遺址都發現了大量的稻遺存，特別是在河姆渡遺址第四層，發現大量碳化稻穀堆積，最厚處超過1米，還發現了大量的成套農具，其中的骨耜多達一百七十餘件。這裏水多潮濕，土壤鬆軟，以骨作耜，材料來源豐富，作為翻土工具，使用起來輕便、省力，是稻作農業生產技術的一大進步。

石犁

種植水稻的專用農具，可以深翻泥土、鬆土，前端尖鋭，較石鏟更省力，顯示農具的進步。

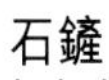

石鏟

用於挖掘、鬆土，是進入耕鋤農業的代表工具，在黃河流域和長江流域廣泛使用。

② 各地不同的經濟形態

新石器時代中期由於農業的初步發展，糧食生產有剩餘，可以飼養家畜；同時，農作物不能完全滿足生活的需要，必須以採集和狩獵作為補充。當時動植物資源豐富，也是保留採集、漁獵的條件。縱觀新石器時代中期文化，黃河流域農業的比重較大，採集和漁獵業較小，而東北地區和長江中下游地區，採集和漁獵業仍佔重要地位。

黃淮地區 —— 農業佔主導

前仰韶文化當中，糧食生產已佔主導地位，但採集經濟仍佔一定比重。裴李崗文化賈湖類型因地近淮河，發現龜甲、魚骨、螺螄等大量水產品，以及捕魚用的網墜等。磁山遺址還發現獸類、鳥類、魚鱉類和蚌類動物，除家犬、家豬和雞外，均為野生動物。另有漁獵工具如石彈丸、骨鏃、牙錐、魚梭等。裴李崗遺址見到陶塑的豬、羊和相當數量的動植物遺骸，豬、羊、雞可能已經成為家禽和家畜。工具當中，石鐮可以當作採集工具，採摘樹上的果實；石磨盤、棒可加工採集到的果實，這些都說明在前仰韶文化中採集和狩獵還佔一定比重。

東北地區 —— 採集漁獵為主

興隆窪文化遺址中發現較多的鹿角、孢骨和胡桃楸的果實硬殼，興隆窪村落的壕溝內、房屋及坑穴中常見到動物骨骼，以鹿科為大宗，其次為豬，可見興隆窪居民以鹿和豬作為主要獵獲或飼養的對象。興隆窪文化雖然已有農業，但在經濟生活中所佔比重不大，仍以漁獵和採集為主。

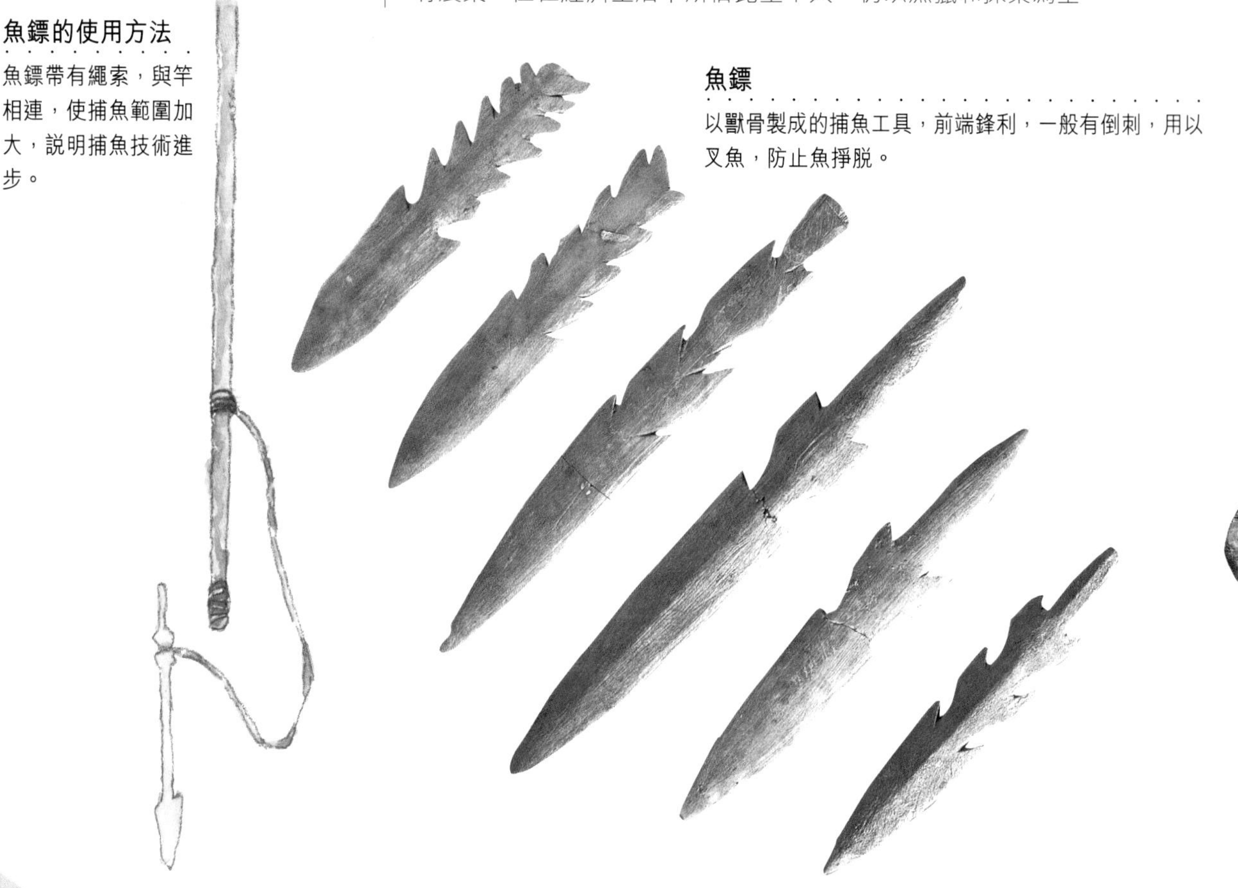

魚鏢的使用方法

魚鏢帶有繩索，與竿相連，使捕魚範圍加大，説明捕魚技術進步。

魚鏢

以獸骨製成的捕魚工具，前端鋒利，一般有倒刺，用以叉魚，防止魚掙脱。

長江流域 —— 兩種經濟並重

長江流域的新石器時代中期諸文化，處於水網密佈、山林茂密、氣候濕潤的環境中，因此，採集和狩獵經濟較黃河流域更重要。許多遺址都發現漁獵工具的細石器、骨器及水生物和動物骨骼，説明長江中下游地區稻作農業雖然發達，而家畜飼養也初具規模，豬、狗和水牛可能均為人工飼養，但先民仍直接向大自然索取大量的動植物資源，採集和狩獵依然是不可或缺的經濟來源。

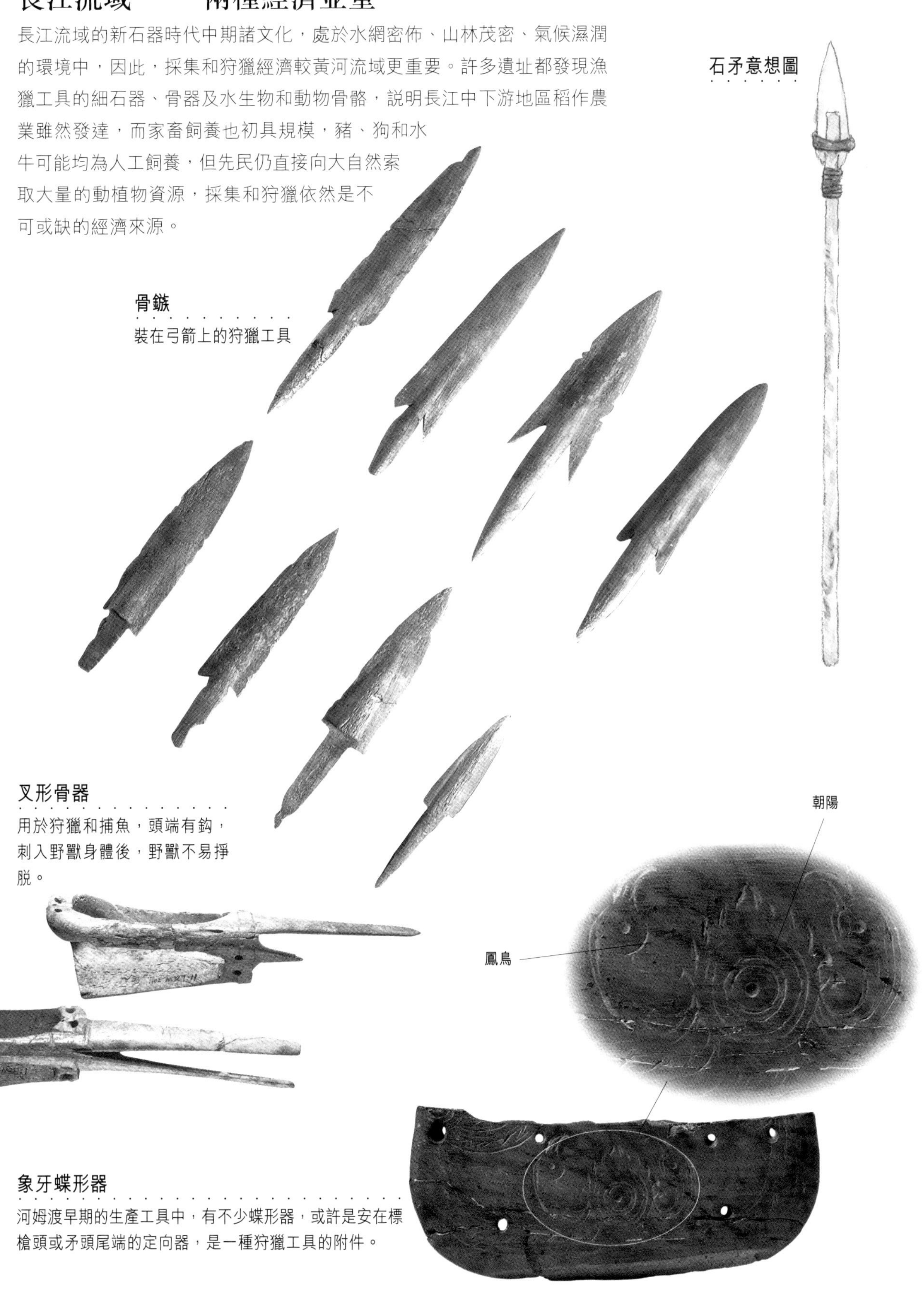

石矛意想圖

骨鏃

裝在弓箭上的狩獵工具

叉形骨器

用於狩獵和捕魚，頭端有鈎，刺入野獸身體後，野獸不易掙脱。

象牙蝶形器

河姆渡早期的生產工具中，有不少蝶形器，或許是安在標槍頭或矛頭尾端的定向器，是一種狩獵工具的附件。

初步發達的物質文明

③ 製陶技術的發明

陶器的發明是伴隨農業的發展而出現的。傳説中"神農耕而陶"，大概就是指這時期。整個新石器時代出土的文物以陶器最多。新石器時代中期，陶器製作運用新技術，製陶技巧大有改進，泥片貼築法已相當成熟，成為當時主要的製陶方法。此外，黃河流域開始出現泥條盤築法，並用陶窰燒製陶器。這些均説明陶器製作已逐漸發展起來。

陶窰的出現

陶器的製作方法不斷成熟，從最初的捏塑、泥片貼築，發展到用泥條盤築或圈築成形的方法，加工個別器物。燒製陶器也從先前的露天燒製，進步到使用陶窰，有了陶窰，可將燒成溫度提高到攝氏九百至九百六十度，不僅可以燒出紅陶，還可以燒出灰陶和黑陶。由於製陶技術還處於初級階段，器表陶色仍以紅色為主，且不均勻，陶質鬆軟，容易碎裂。

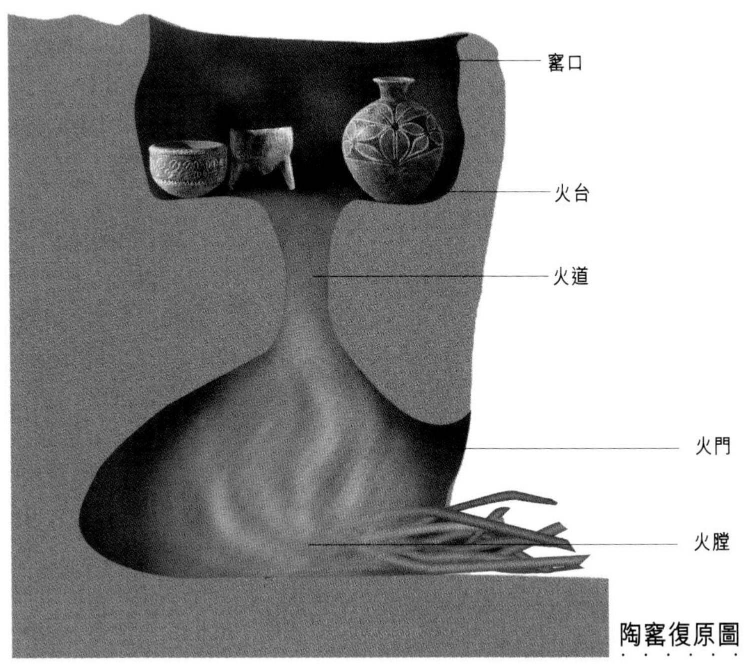

陶窰復原圖

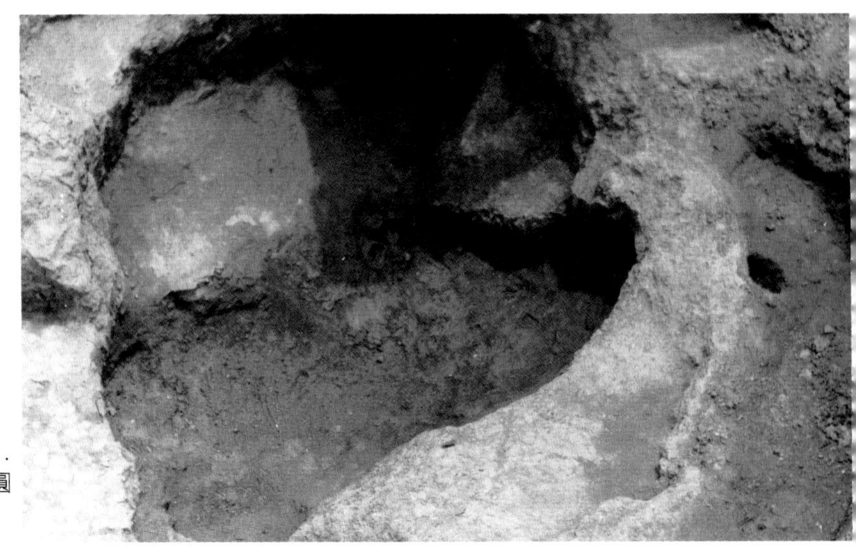

陶窰

裴李崗文化舞陽賈湖遺址發現的陶窰，有橢圓形窰口，火台則為架坯之處。

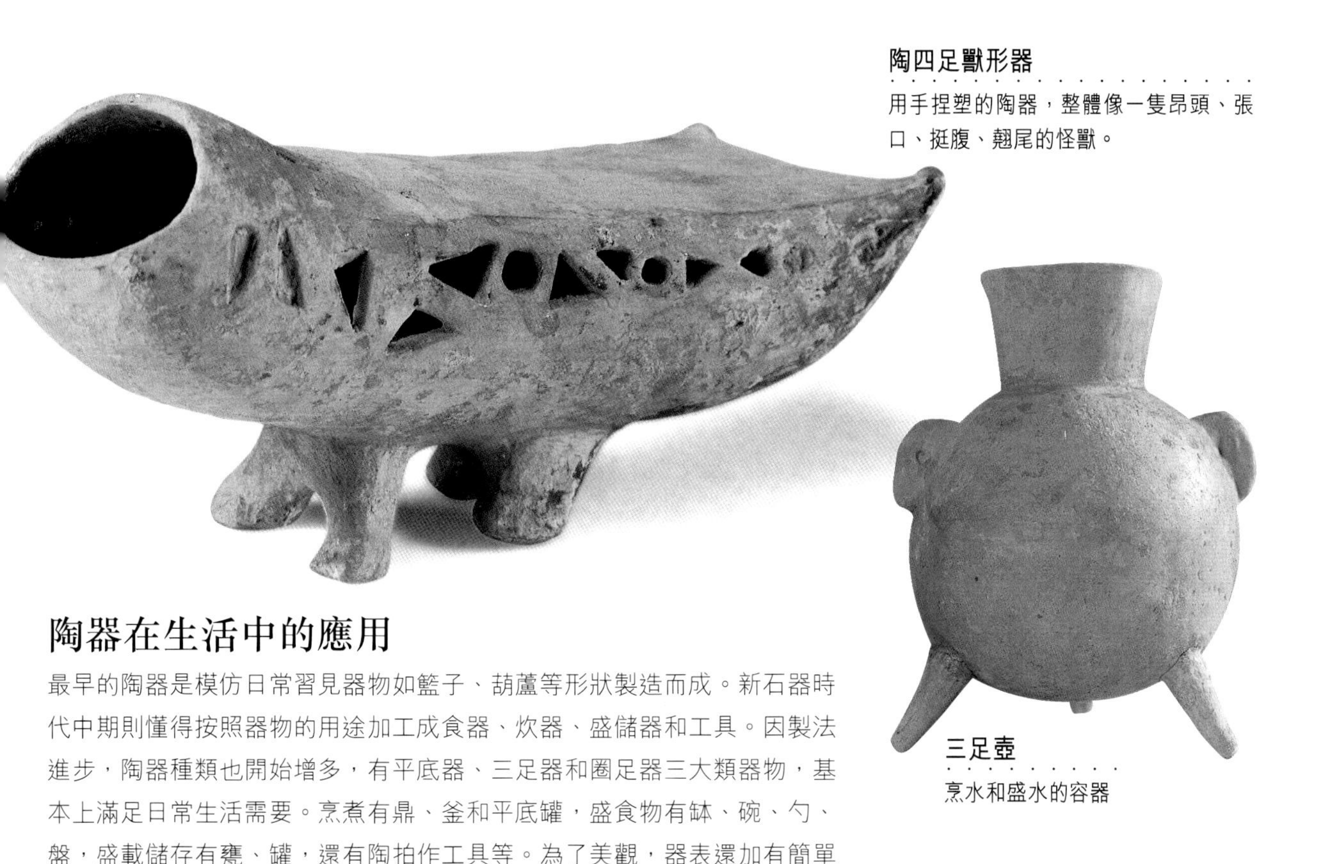

陶四足獸形器

用手捏塑的陶器，整體像一隻昂頭、張口、挺腹、翹尾的怪獸。

三足壺

烹水和盛水的容器

陶器在生活中的應用

最早的陶器是模仿日常習見器物如籃子、葫蘆等形狀製造而成。新石器時代中期則懂得按照器物的用途加工成食器、炊器、盛儲器和工具。因製法進步，陶器種類也開始增多，有平底器、三足器和圈足器三大類器物，基本上滿足日常生活需要。烹煮有鼎、釜和平底罐，盛食物有缽、碗、勺、盤，盛載儲存有甕、罐，還有陶拍作工具等。為了美觀，器表還加有簡單的紋飾。陶器已成為日常生活不可缺少的用品。

各地區製陶特點和水平

在前仰韶文化時代，陶器工藝的區域性特點已經產生。東北地區興隆窪文化流行筒形罐和篦點紋、文字紋，陶質疏鬆，製作粗糙；黃河中游的前仰韶文化製陶水平最高，流行平底器、三足器，一些後世常見的製陶方法已見端倪，如裴李崗文化晚期製作精美的黑陶，老官台文化陶器施於口沿的紅彩帶等，黃河下游的後李文化和北辛文化流行圜底器與三足器；長江中下游地區流行夾碳陶和器耳裝飾，在器物上刻畫的動植物紋飾十分生動。

泥條盤築法製作示意圖

中國新石器時代主要製陶方法之一，至遲到新石器時代中期的前仰韶文化已經出現。先將泥坯搓成條狀，後將泥條一根接一根連續延長，盤旋上升。或將泥條一圈又一圈落疊而成，又稱“泥條圈築法”。

盆形鼎與深腹罐

用泥條盤築法製成的陶器，器形完整。

初步發達的物質文明

④ 中國最早的木構建築

因地理環境不同，至遲到新石器時代中期，中國史前居民的聚落形態和房屋建築已經形成南北兩大系統。北方以穴居為代表，南方則以干欄式建築為特色，干欄式建築可能是受到巢居的啟發。巢居和穴居，史書中都有記載，《韓非子》中"有巢氏"為了躲避野獸的侵害而構木為巢；《禮記》中說過去的帝王沒有宮殿，冬天居窟，夏天居巢。現存的新石器時代建築遺址，反映了最初的南北不同的建築形態。

南方干欄式長屋

南方的干欄式建築很可能是受到巢居的啟發，以木樁插入地下代替樹幹，創建了干欄式房屋。干欄式建築流行於森林地帶和鄰近湖泊、河流的地方，河姆渡遺址的干欄式房屋是典型代表。河姆渡建築遺址的東北面當時是一片湖沼，西邊是一座小山。在湖沼岸邊建有至少三座干欄式房屋。房屋很長，面水一面有外廊，這種建築方式與海南島黎族的高腳式船形屋相近。現場沒有發掘到北方常見的草筋泥和紅燒土，倒是見到許多分散在柱子附近的樑、枋、厚板，以及樁柱上用榫卯銜接的地樑，可知是木構為主。河姆渡干欄式建築是中國最早的木構建築，也是中國東南一帶木構建築的代表。

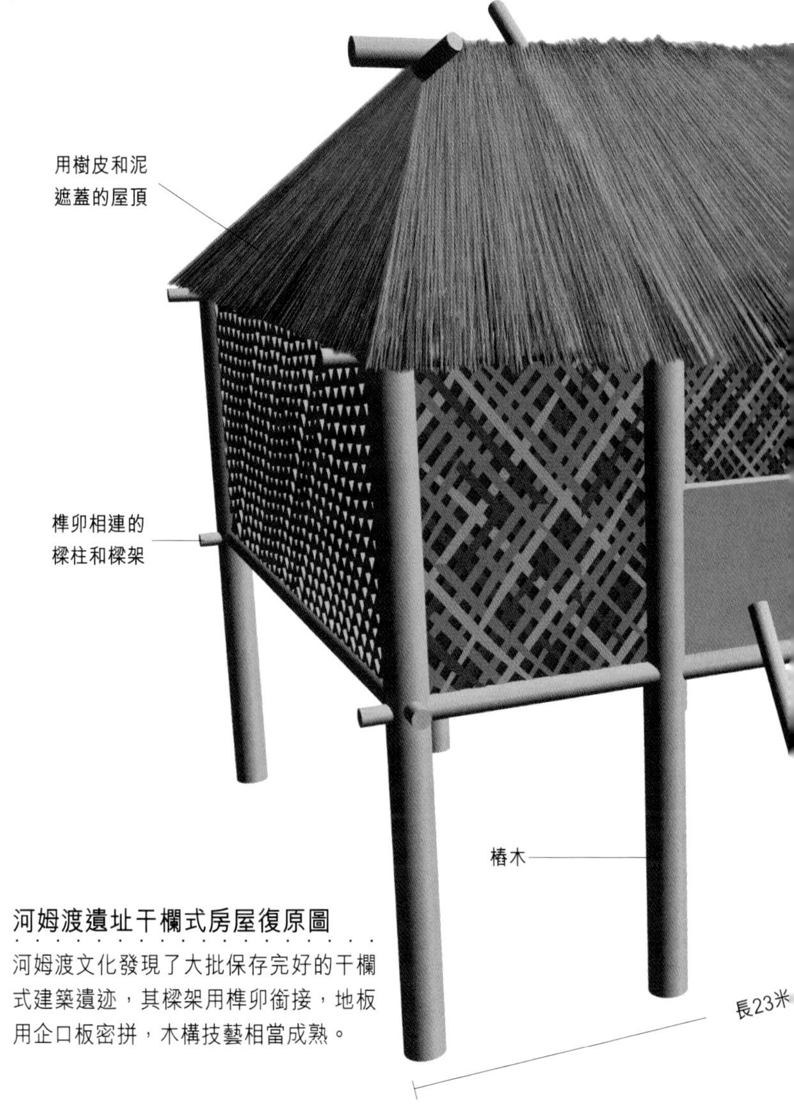

河姆渡遺址干欄式房屋復原圖

河姆渡文化發現了大批保存完好的干欄式建築遺迹，其樑架用榫卯銜接，地板用企口板密拼，木構技藝相當成熟。

河姆渡遺址建築構件的榫卯類型

河姆渡遺址中的樑、柱、皮等木質構件，都經過了榫、卯、銷釘等加工，起到了固定房屋、抗壓、受拉的作用。

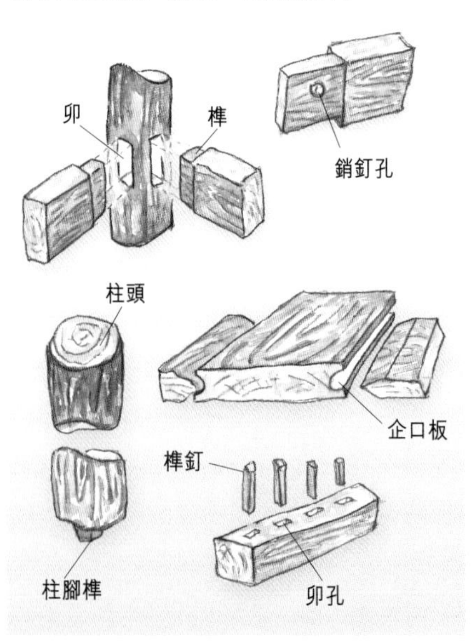

查海遺址地貌

查海遺址位於今遼寧查海村旁一個高坡上，下有河流環繞穿過，村落佔地萬餘平方米。年代距今約八千年，是東北亞最早出現農業的地區之一。

北方的穴居建築

穴居主要分佈在北方的黃土高原上。這裏的黃土廣泛發育，土壤呈垂直節理結構，壁直立而不易塌陷，氣候相對乾燥，適合挖洞居住。穴居分半地穴和深穴兩種。在前仰韶文化和興隆窪文化都發現穴居房屋，在前仰韶文化和後李文化發現半地穴式的房屋。半地穴房屋一般為方形或圓形，邊壁有柱，在南壁設有斜坡或台階形門道，以供出入。

北方半地穴圓形房屋復原圖

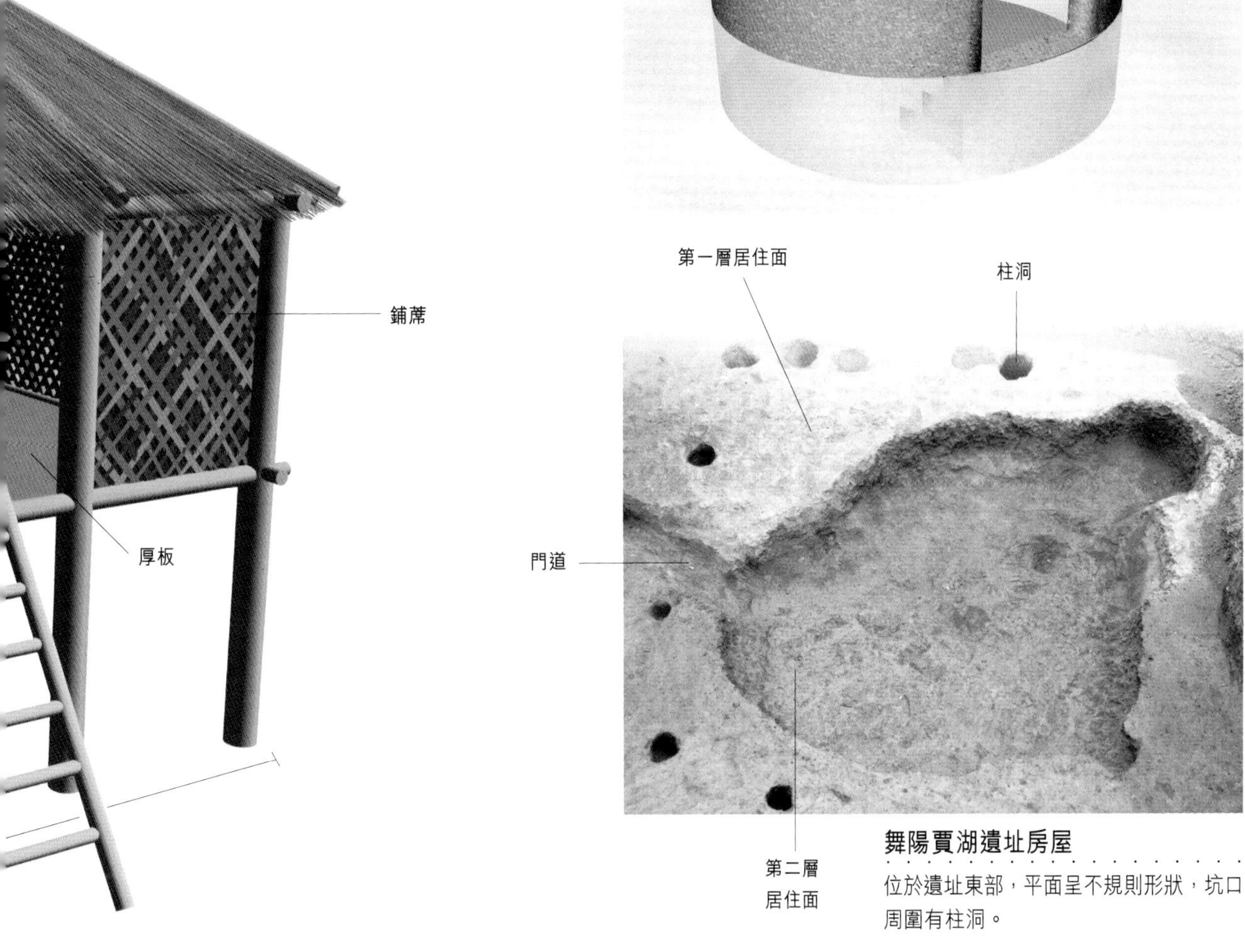

舞陽賈湖遺址房屋

位於遺址東部，平面呈不規則形狀，坑口周圍有柱洞。

平等社會的精神世界

① 體現平等的喪葬習俗

重視喪葬是新石器時代人類文化的一大進步，這種進步在新石器時代中期以後表現得很明顯。新石器時代早期的墓葬狀況，目前仍不甚明瞭，到新石器時代中期，墓葬普遍存在。由這些墓地，可以考察出前仰韶文化時代的社會情況，特別是社會成員間的關係、地位等狀況。從已發掘的前仰韶文化墓地資料來看，當時聚落內部成員不存在貧富差別，也不存在社會地位的高低。整個聚落內部充滿平等色彩。

葬俗的地域特色

由於各地文化傳統和生活環境不同，葬俗也有區域性差別。如前仰韶文化流行在村落附近建立公共墓地，一般都放一些隨葬品；河姆渡文化的墓葬，無葬坑，也無隨葬品；興隆窪文化則流行居室葬或山頂葬。葬式以仰身直肢葬為主，即人平時睡覺時的姿態，不見後來的俯身葬以及各種呈痛苦、掙扎狀的屈肢葬式，説明這個時期聚落內部成員還是比較平等，社會分化程度不高。

興隆窪遺址人豬合葬墓

興隆窪文化的埋葬制度很有特色，即把死者安葬在生前的居室內，並放入整豬殉葬。

定居與公共墓地

定居聚落的形成是公共墓地出現的基礎，聚落的成員都葬在聚落附近的公共墓地。目前經大面積發掘的墓地普遍存在着墓地——墓羣——墓排（墓組）三個層次的墓葬分佈格局，墓地為同氏族所葬之地，墓羣為一家族之葬地。

舞陽賈湖墓地

賈湖遺址共發現三百四十九座墓葬，其中位於西北部的墓葬羣有一百餘座，大多數為長方形土坑墓，以向西為主，規模懸殊不大，且均不見葬具。

舞陽賈湖墓地男性墓

此墓隨葬品達六十件，有壺、罐、鼎、骨鏃、龜甲、七孔骨笛等，十分豐富，可見墓主人的地位甚高，應是掌管宗教的巫師。

尋常的隨葬品

墓葬形制一般為長方形豎穴土坑墓，葬式一般為單人仰身直肢，個別為雙人葬或多人合葬墓。在每一墓地的單個墓葬，墓穴大小相差無幾，顯示氏族成員之間地位差別不大。隨葬品絕大多數為日常生活用具和用品，如雙耳壺、三足缽、深腹罐以及石磨盤、磨棒等。單個墓葬隨葬品的數量以三至五件最常見。

埋葬者的身分

隨葬品數量多少有別，甚至有較大的差異，或許與死者的身分有關，大墓主人可能是氏族或家族的首領，或是工匠一類的勞動者，或是分管炊事和分食的主婦。他們得到較多隨葬品，或是出於人們對他的專業技能或貢獻的尊重。他們是氏族或家族中的勞動能手，這與後來社會貧富分化而產生脱離勞動的社會權貴有本質上的區別。

舞陽賈湖墓地女性墓

此墓有隨葬品十七件，包括骨叉形器、骨鏃、骨針、骨鏢和骨笛等，墓主為一中年女性。

平等社會的精神世界

② 原始宗教——未知世界的探求

墓地是死者靈魂的歸宿。墓葬的出現，意味活着的人開始有意識地掩埋親人的屍體，形成最初的靈魂崇拜。講究葬儀是靈魂崇拜觀念進一步發展的結果。人懾於大自然的威力，祈望有超自然神靈的保祐，“龍”應運而生。最初的文字與占卜有關，這時期出現的刻畫符號與原始文字有密切的聯繫。精神世界日益豐富，產生了原始宗教，代表當時人們對未知世界的探求。

墓葬與靈魂崇拜

反映靈魂不死的葬儀，表現在同一氏族的成員埋在同一個公共墓地，有親屬關係的死者按照一定的規則埋在一起，並且隨葬一些日用品，以示死者可以像生前那樣生活。同一墓地死者的頭向一致，說明他們有同樣的信念。這時的葬式以仰身直肢葬為主，有讓死者安心睡覺的意思。在舞陽賈湖、新鄭裴李崗等墓地還有二次葬，更是靈魂不死觀念的反映。

刻符石器

河南舞陽賈湖遺址出土的龜甲和石柄上，刻有單個符號。這些符號與殷墟甲骨文、周朝金文中的某些字形相似，是研究漢字起源的珍貴資料。

萬物有靈觀念

人對大自然的威力難以完全理解，於是產生“萬物有靈”的觀念。龍作為超乎自然的神靈，是人綜合多種動物的特徵而想像出來的。龍的崇拜標誌着中國原始宗教已超越了對具體神靈的崇拜，達到崇拜抽象神靈的階段。由於人不能把握自己的命運，便力圖借助超能力預測未來，這便產生了占卜活動。遺留至今的占卜用具，就是明證。

刻符

刻符龜甲

此時刻畫的符號較簡單，與陶器上的刻畫符號相近，無法辨識其本意和內容。

刻“卍”符號龜甲

在河南舞陽賈湖墓地中，常見隨葬的龜甲，在龜甲背上刻畫符號“卍”，應為占卜記事的一種形式，是商朝甲骨文的前身。由此證實，商朝龜甲刻寫文字源遠流長，且具有占卜的宗教意義。

刻畫符號與原始文字

文字和宗教活動一樣，都是人類精神生活達到一定高度的產物。中國文字的起源，是個饒有興趣的話題。盛行於商周時期的甲骨文被認為是成熟的漢字，在它產生之前，中國漢字已經歷過漫長的發展過程。在裴李崗文化賈湖遺址出土的龜甲和石柄上發現的刻畫符號，與甲骨文中的某些字，竟然極為相似，或為中國最早的原始文字的雛形。

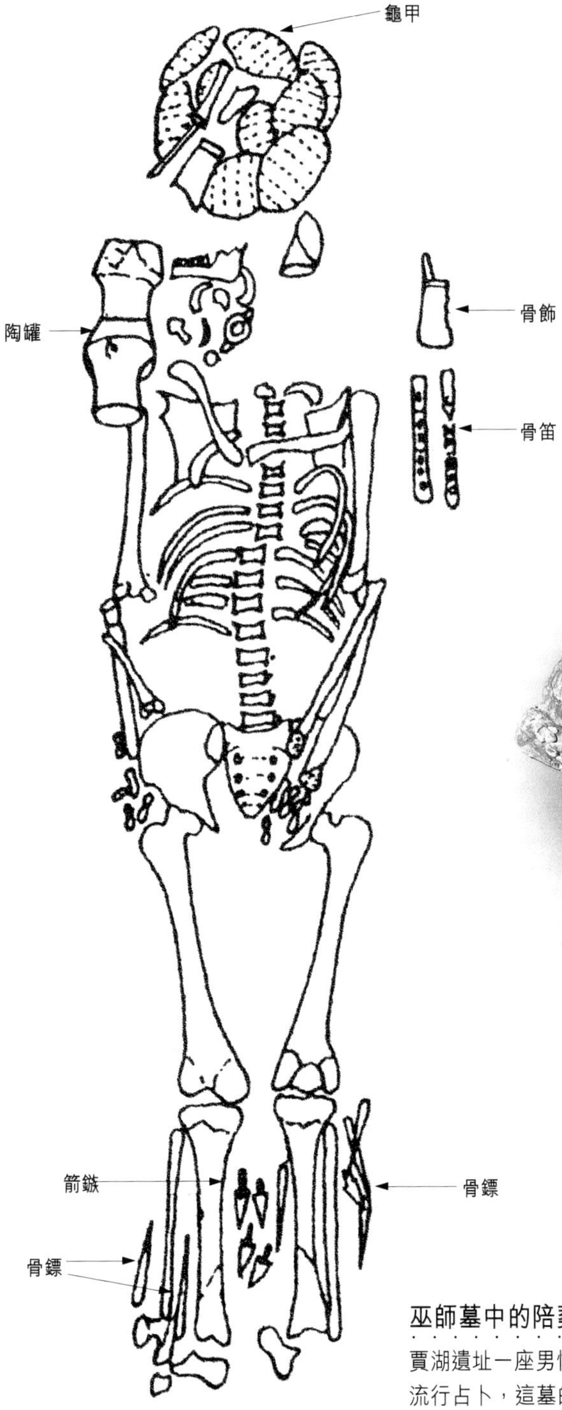

巫師墓中的陪葬龜甲

賈湖遺址一座男性墓葬中，在墓主人的頭部有八件龜甲，其中一件還刻有符號，說明賈湖人流行占卜，這墓的主人應是主持占卜的巫師。

歷史小證據

最早的占卜實例

中國人甚麼時候開始有占卜活動？在尚未有文字記載的年代，很難考據確切的年份。但在河南舞陽賈湖遺址中，發現隨葬成組的龜甲，內有數量、顏色、大小、形狀不同的小石子，應是一套與占卜有關的用具，表明早在新石器時代中期，人類已進行占卜活動。這是目前發現最早的占卜明證。

龜甲及石子

平等社會的精神世界

③ 原始藝術的新起點

定居生活使人類結束了漂泊不定的流浪狀態，在自己的家園裏耕種、製陶和從事園藝，生活趨於穩定。基本生活得到保障後，人們對藝術的追求比以前強烈，新石器時代成為原始藝術的新起點。前仰韶文化時期的藝術品，種類明顯增加，藝術形式開始豐富，包括音樂、雕塑與雕刻、彩陶、玉器工藝等。

古樂悠揚

在河南舞陽賈湖遺址發現隨葬的十六支骨笛，是震驚樂壇的一大發現。這些骨笛是中國目前發現的最古老的樂器，據研究，它們至少能夠吹奏出六聲音階，也可能是七聲齊備的、古老的下徵音階，證明早在七八千年以前，我們的祖先就可以吹奏出悠揚動人的優美旋律。

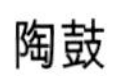

陶鼓

挎在胸前的敲擊樂器，在器口兩端原有獸皮鼓面，早已朽蝕。鼓兩端各有一環，可繫帶。在征戰或部落聚會中都可以使用。

骨笛

舞陽賈湖出土。用猛禽腿骨截去兩端關節後再鑽圓孔製成，大多有七個孔，其中一支骨笛全長22厘米，鑽有七孔，外表光滑，保存完好，與現代竹笛十分相似。

骨笛刻符局部

后窪陶塑人首像

后窪陶塑人首像表情刻畫簡單，有臉譜化的傾向，或含有精神文化上的寓意。

古樸的雕塑品

前仰韶文化出土有石雕和陶塑的人頭像。其中河北武安市磁山遺址出土的石雕人頭像較為細小，可能是繫佩的裝飾品。除了人物像以外，另有動物塑像。在裴李崗遺址出土幾件陶塑豬頭和羊頭像，特徵鮮明，造型生動。在河姆渡遺址則流行雕刻藝術品，所刻的稻穗、家豬、雙鳳朝陽圖，以至匕、簪上精美的幾何紋，均是不可多得的藝術珍品。

彩陶的萌芽

彩陶藝術是中國新石器時代的代表性藝術，其萌芽階段可以追溯到前仰韶文化時代。陝西和甘肅東部都有紅陶器出土，口沿繪一紫紅色寬帶紋，從側面看像一條紅色寬帶，俯視又是一個紅圓圈。在一些紅陶圜底缽的內壁，還用紅彩畫三四個對稱的幾何紋等。花紋雖然簡單，但是這些中國目前發現的最早的彩陶，為仰韶文化彩陶藝術奠定了基礎。

玉器的先聲

東北的興隆窪文化出現小型玉器，多屬裝飾品，個別為工具。在興隆窪遺址和遼寧阜新查海遺址出土玉器較多，計有斧、錛、匕形器、玦及管珠等。這些玉器的數量和種類雖然少，卻是中國史前一個極重要的玉器製作中心 —— 紅山文化玉器的先聲，從而把中國琢磨玉器的年代上推到距今八千年左右。

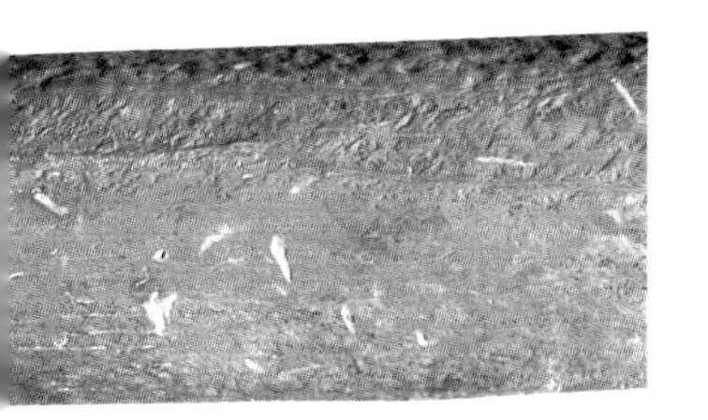

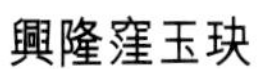

興隆窪玉玦

這是中國最早的玉器，考古學家稱之為“中華第一玉”。

鋤耕農業的文明

① 平等的女權社會

隨着人類智力和生產力的提高，人類的社會組織亦有相應發展。到了舊石器時代中晚期，人類經過原始羣居和血緣家族階段之後，已經逐步進入母系氏族公社時期。氏族是原始時代社會制度的基礎。所謂“母系氏族公社”，是指以母系血緣為紐帶組成的社會生產和生活單位。約距今八千到六千年前，中國大部分地區已經進入母系氏族社會。從現有的發掘所見，中國的母系氏族社會特徵在黃河中游的仰韶文化表現較突出。

母系氏族公社的形成和演變

人類從血緣家族轉變為母系氏族公社，是在生產力不斷進步的推動下完成的。舊石器時代中期，漁獵、採集經濟發展引起生產關係變化，男女分工開始明顯。血緣家族成員增加，影響生產和生活。因此，屬同一母系血緣的集團逐漸分離出來，組成母系氏族公社，這是原始社會氏族公社的早期組織形式。新石器時代早期是母系氏族公社最繁榮的時期，此後隨着生產力水平提高，逐漸向父系氏族公社過渡。

母系氏族的生產與生活

母系氏族公社初期，男子從事狩獵、捕魚，女子承擔採集、炊煮食物、保護火種、製備衣服、管理家務和撫育後代等繁重的勞動。婦女經過長期的採集實踐，到母系氏族公社的中晚期，逐漸認識植物的生長規律，掌握農業栽培技術，成為農業生產的主力，而男子仍以狩獵為主。由於婦女從事的生產活動比男子穩定，其收穫物更能保證氏族成員生存的需要，因此婦女在整個經濟活動中起着主導作用，成為氏族的管理者。當時每個氏族公社聚居着幾十甚至上百人，在原始村落之中平等協作，共同勞動和生活。

母系氏族首領的特權

以血緣為紐帶組成的母系氏族公社，世系按母系計算，由年長的婦女擔任氏族首領，她不僅親自參加勞動，還主持制定生產計劃，負責分配生產、生活資料和對外聯絡。氏族首領沒有特權，遇到重大事件要召開氏族會議來決定。氏族首領不稱職，氏族成員可以罷免她，風俗習慣成為調節氏族關係的準則。在氏族內部，婦女普遍受到尊

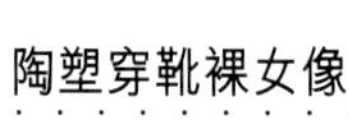

陶塑穿靴裸女像

當時人尊崇女性，這個陶塑婦女像應是先民祭祀女性始祖所用的偶像。

粗率朦朧的五官

重，生產資料平時為氏族共有，只有氏族內的女性成員才可繼承，即外祖母傳給母親，母親傳給女兒。女性氏族成員死後，隨葬品較豐富，且多安葬在氏族墓地的中心。在人人平等的原始社會母系氏族公社內部，凸顯出女性地位的尊崇。

母系氏族公社的婚姻形態

原始社會的居民在長期的生存、繁衍中發現，氏族內部的婚姻會對後代體質產生嚴重的不良影響，故發展出不同血緣氏族之間通婚，以保證氏族健康地繁衍，但這仍是一種羣婚制。到母系氏族社會晚期，羣婚制逐漸變為男女關係較固定的對偶婚，對偶婚的產生，標誌着人類社會由羣婚向一夫一妻制婚姻過渡。這是一種不固定的一夫一妻制婚姻，但男女地位平等。

兩手置於腹側

在黃河中下游地區母系氏族聚落遺址中，常出土男、女生殖器造型作裝飾的陶器，多是盛水的罐、壺。這種造型在甘肅、陝西的彩陶中相當流行，以各種雕塑、繪畫，表現生育的主題，表達了人對於繁衍後代，壯大氏族人口的願望。

陶塑女性生殖器

石雕女神像

女神像整體作屈身蹲踞狀，立於居址室內火塘的近旁，是北方興隆窪文化遠古先民的家族保護神，具有火神、地母和生育女神等多重神格。一般認為是這一氏族的女性始祖。供奉她的居室，就是女神廟的前身。

陶塑男性生殖器

鋤耕農業的文明

② 成就斐然的仰韶文化

仰韶文化是中國發現最早、分佈面積最廣、成就極輝煌的一支新石器時代文化，對中國新石器時代文化格局的形成和演變產生深遠影響。其中的半坡和姜寨遺址也是最典型的母系氏族時期文化遺址。仰韶文化長達二千年，文化內容變化大，分佈範圍又廣，因此分成很多類型*。仰韶文化前期統一性強，彩陶發展到頂峯；後期衰落，外來的新文化因素增強。

生產和生活狀況

仰韶文化時期已有較大的母系氏族村落，人們長期定居，過着平等的集體生活，並能夠建造地穴式、半地穴式和地面式三種房屋。農具主要為石製和木製，種植粟和黍等旱地糧食作物。畜牧業是經濟支柱之一。各地普遍飼養豬、狗，狗更成為人類狩獵和護家的幫手。漁獵仍重要，這與仰韶居民多臨水而居有很大關係。人們掌握了織網和用網捕魚的技術，捕魚效率大增。這些生產活動可滿足一個村落幾十人，甚至上百人的生活需要。

人面魚紋彩陶盆

人面魚紋的內容與生育巫術有關。人面紋代表正在分娩的嬰兒頭像，魚則以產卵多、繁殖快、生育力強象徵生育和繁殖，整個畫面寓意子孫繁盛。

勾葉紋彩陶盆

仰韶文化廟底溝類型的典型器物。廟底溝的彩陶圖案以圓點紋、弧邊三角紋和迴旋勾葉紋構成，遠比半坡類型華麗。

白衣彩陶缽

是河南鄭州大河村出土的佳作，最富特色的是其以白色化妝土為地色，上面再繪以幾何紋，構圖均整，色彩奪目。

仰韶文化諸類型分期表

	關中晉南河南西	河南中	河南北河北南	河南西南湖北西北
第一期（約公元前5000~前4500年）	半坡類型			下王崗類型
第二期（約公元前4500~前4000年）	史家類型		後岡類型	
第三期（約公元前4000~前3600年）	廟底溝類型			
第四期（約公元前3600~前3000年）	西王村類型	秦王寨類型（大河村類型）	大司空村類型	

手工業進步和彩陶的輝煌

這時期製作的石器，已比較能按功用而做成配合的形狀，例如舌形鏟，通體磨光的有肩石鏟，石刀也有穿孔。農耕、畜牧和漁獵採用這些新工具，提高生產效率，使部分人得以脱離生產活動，從事手工業，為手工業的繁榮創造了條件。當時原始的紡織和編織工藝出現，但仍以製陶業的成就最大，陶質、造型、裝飾以及熔燒技術，都相當成熟。製造方法因器形而異，小型器物用捏製法，較大器物用泥條盤築法和輪製法。所產的陶器可分為炊器、水器、飲食器、盛貯器和禮祭器等，是生活中不可或缺的物品。陶器表面還彩繪圖案，形成仰韶文化最著名的彩陶。早期彩陶都是紅陶黑彩。後期開始上陶衣，加施彩繪，並有雙色圖案。仰韶文化也因其大量的精美彩陶製品而獲稱為“彩陶文化”。

彩陶缽

這件彩陶的紋飾為方格紋，是半坡類型的紋飾特徵。

魚紋彩陶盆

仰韶文化半坡類型的典型器物之一。魚紋是半坡類型最常見的彩陶紋樣，有人認為魚是半坡氏族的圖騰，也有説半坡遺址彩陶以魚紋為主要題材，反映了捕魚業在當時經濟生活中的重要地位。

＊類型：考古學文化是代表同時代的、集中於一定區域內的、有一定地方特徵的遺迹和遺物的共同體。這種共同體屬於存在共同性的某一特定的社會集團。在同一共同體的遺迹或遺物中，還存在某些差異，可形成考古學文化的分支，稱為考古學類型。

小辭典

鋤耕農業的文明

③ 仰韶先民的伙伴

約與仰韶文化同時，黃河下游和長江中游地區也有很大發展，出現大汶口文化及大溪文化等先進文化。此時，農業發達，居民增多，各地的交往明顯增強。因仰韶文化地理位置優越，文化發展程度相對較高，在與周邊文化的交往中，採取主動態勢。

以仰韶為主的三角分佈

仰韶先民與處於東方的黃河下游山東地區先民，以及南方的長江流域先民有密切的交往。三者構成一個巨大的三角形格局，其中以仰韶文化地域最大，實力亦最雄厚。

1 紅山文化
2 後岡一期文化
3 半坡文化（仰韶文化前期）
4 大汶口文化
5 馬家浜文化
6 大溪文化

仰韶文化前期考古學文化分佈圖

仰韶文化前期，各地文化不斷發展，北有紅山文化，東有大汶口文化，南有大溪文化，其中與仰韶文化最密切的是大汶口文化與大溪文化。

東方的伙伴

地處東方的先民與同期的仰韶先民一樣，也是農業民族，主要的農作物是粟。在這地區的窖穴中曾出土大量的朽粟，還有農作物的加工工具如磨棒、磨盤，在陶器上有粟粒的印痕等，説明他們的農業繁盛。這些東方先民創造的物質文化稱為大汶口文化。他們與仰韶人有密切的接觸，一些彩陶紋飾與仰韶人的作品十分相似。大汶口文化的生產水平提高後，曾向土壤肥沃的黃河中游地區拓展生存空間，勢力一度侵入仰韶人的地盤，後來在仰韶人的強勢東進下，逐步向東退縮。

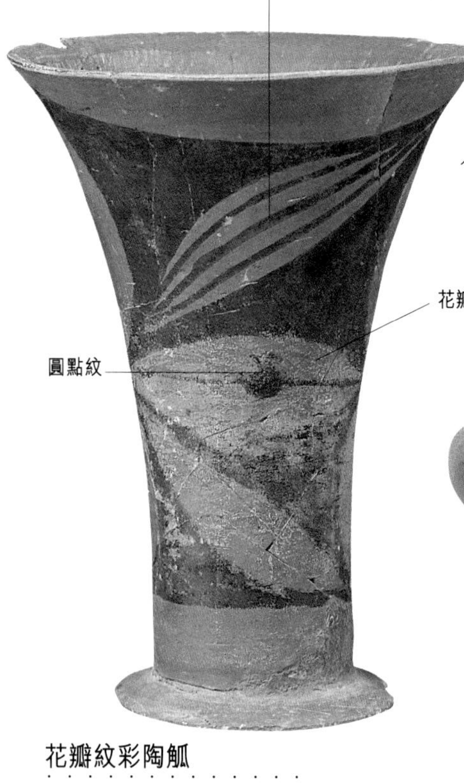

花瓣紋彩陶觚

陶觚是大汶口文化的典型器類，但所飾圓點紋和花瓣紋則是仰韶文化廟底溝類型的風格。

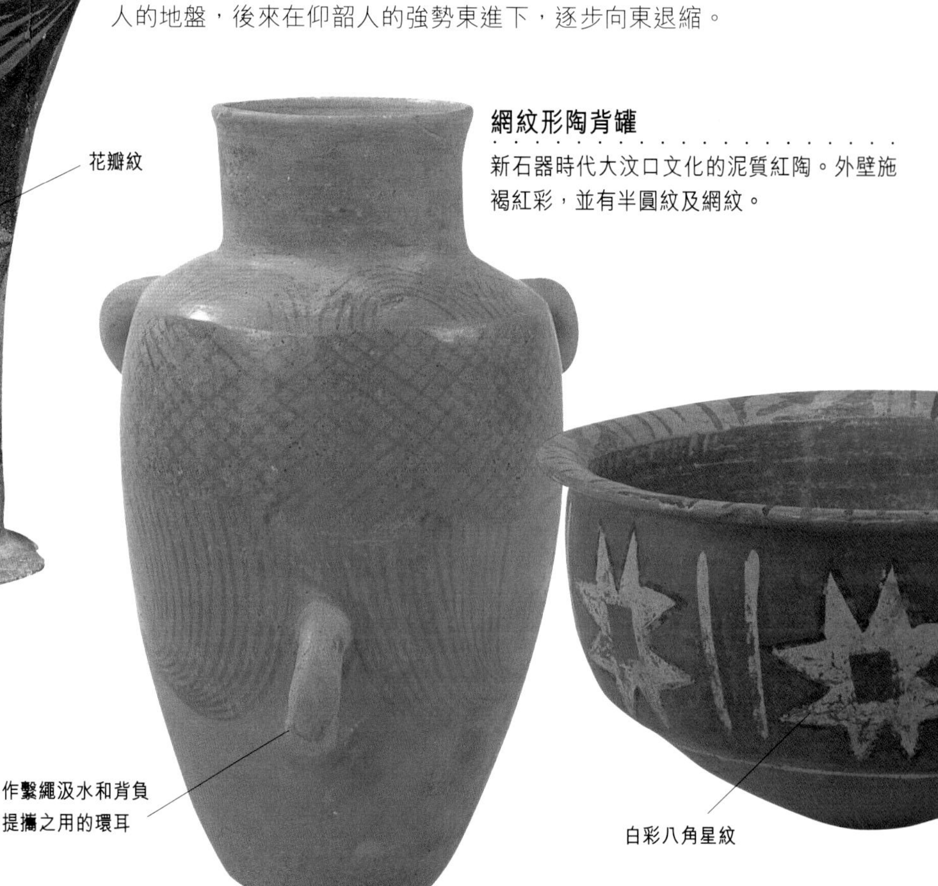

網紋形陶背罐

新石器時代大汶口文化的泥質紅陶。外壁施褐紅彩，並有半圓紋及網紋。

南方的伙伴

長江中游地區流行紅陶，盛行紅陶衣，器形多見圈足器，如圈足盤、圈足碗、圈足杯，另有釜、鼎、筒形瓶等。居民死後，大都葬入公共墓地，流行屈肢葬。這地區的古代文化被稱為大溪文化。大溪文化與仰韶文化主要是通過漢水的支流——河南西南的淅水來溝通，淅水是江漢地區與伊洛地區交往的橋樑。仰韶文化與大溪文化的交往相當頻繁。當時居住在江漢地區的大溪文化居民能直接吸收仰韶人先進的文化因素，導致當地的文化出現不少仰韶文化色彩。大溪人也製造彩陶，紋飾流行漩渦紋、波浪紋等，它們均取材於水的流態，表現了江漢地區先民長期與水為伴的深切感受。

湖南大溪文化古城

這是長江流域典型的城邦式古城遺址，平面呈圓形，佔地8萬平方米。位於湖南澧縣，距今六千至四千八百年，是一處沿用千年的古城。

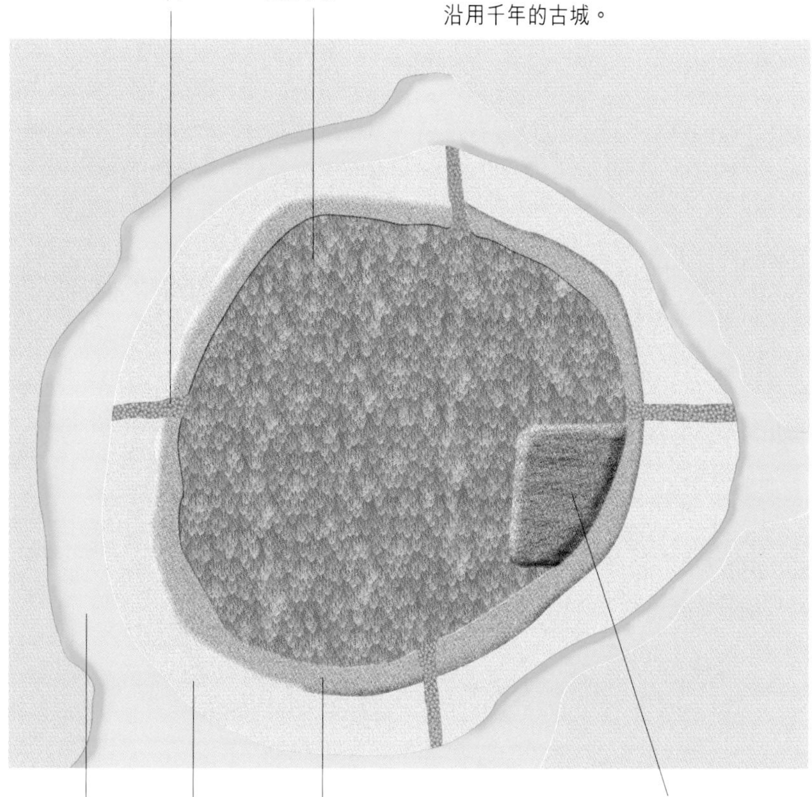

彩陶器座

與東方的大汶口文化一樣，大溪文化也盛行圈足器，彩陶圖案則與仰韶文化廟底溝類型流行的花瓣紋相同。此器全身紅衣，用黑彩畫出兩組雲紋。

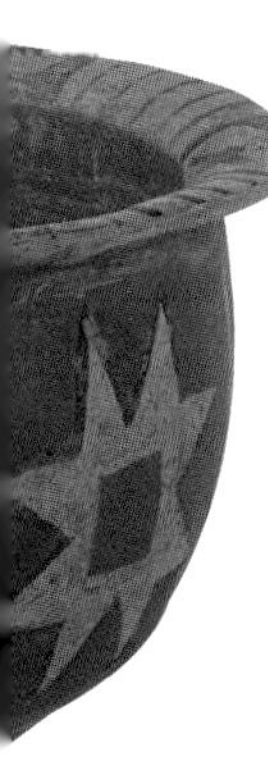

八角星紋彩陶盆

新石器時代大汶口文化，泥質紅陶。器身施紅、白兩色陶衣，並塗紅、白、黑三彩，體現了原始藝術創造者的藝術才智。

鋤耕農業的文明

④ 生機盎然的北國牧場

距今七千至五千五百年，中國東北地區亦由興隆窪文化演變到趙寶溝文化和紅山文化前期。此時東北大部分地區相當於今天遼南或河北的氣候，有利於發展農業生產，而東北的草原依舊是遊牧民族馳騁的天然牧場，加上與中原地區交往日益增多，一時間使東北地區的原始居民空前活躍，農業、牧業和狩獵經濟優勢互補，均獲得了較快的發展，使東北地區再次出現了生機勃勃的繁榮局面。

多種文化並存的文化格局

這時東北地區原始居民創造了多種多樣的文化，最突出的有以下五種：趙寶溝文化、紅山文化(前期)、富河文化、上宅文化和新樂文化。這幾種文化並存，形成東北地區總體的文化面貌。

與中原有別的文化面貌

東北地區的原始文化與中原地區有明顯的差異，就陶器而言，無論何支文化均流行飾以“之”字紋的各類筒形罐，據此可以將東北史前文化區稱為“筒形罐文化區”。不過，在這歷史文化區內部，因分佈區域、自然環境及文化因素的差異又形成了風格各不相同的文化面貌。

與仰韶文化的關係

當時東北地區諸文化與中原地區仰韶文化的交流呈南強北弱之勢。就生產經濟而言，與仰韶文化毗鄰的上宅文化、趙寶溝文化和紅山文化農業發展水平較高，而遠離中原的富河文化、新樂文化仍以漁獵和採集經濟為主，這現象應與黃河流域農業居民北遷或其農業技術北傳有關。此外，在紅山文化和趙寶溝文化的陶器羣中也可以明顯看到深受仰韶文化影響的紅頂缽和彩陶缽。

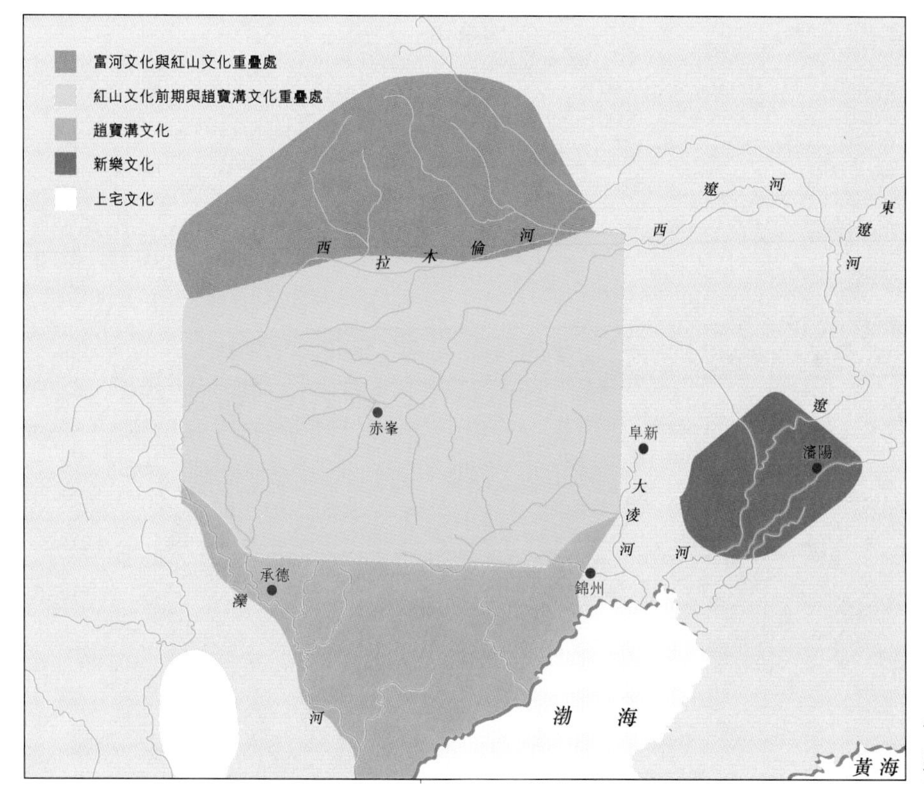

仰韶文化前期東北地區考古學文化分佈圖

龍紋尊

陶器夾砂磨光，刻畫一組動物圖案，頭部為鳥、豬和鹿，身軀盤旋蜷曲，若龍若蛇，首尾相接，皆向右方，似在奔騰馳逐。

龍紋尊紋飾展開圖

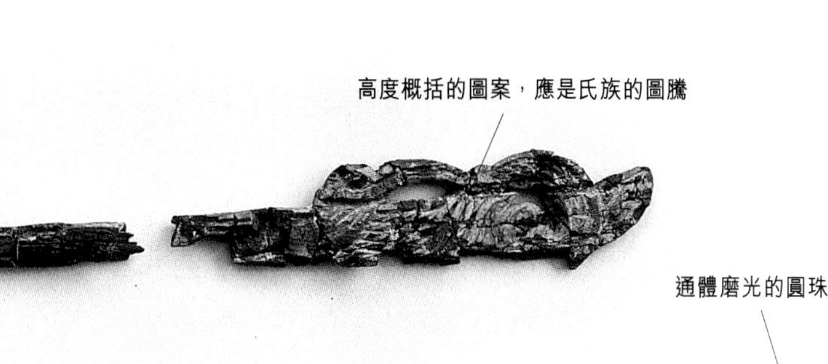

木雕飾

這應是氏族崇拜的圖騰物，所刻紋飾高度概括及圖案化，刀法嫻熟，是一件七千年前難得的藝術品。

煤雕工藝品

這是中國最早的煤雕工藝品，已有七千年歷史。學者對它們的用途看法不一，有說是裝飾品，有說是文娛用品，大多數則以為與巫術有關。

鋤耕農業的文明

⑤ 富庶的水鄉澤國

距今六千至五千五百年，長江中下游和淮河下游地區氣候濕潤，水網密佈，山青水秀，土壤肥沃，自然條件相當優越。生產力初步發展，孕育了該地區史前文化的另一個高峯期。分佈在太湖平原及杭州灣地區的馬家浜文化及其後繼者崧澤文化，在南京、鎮江一帶的北陰陽營文化，在安徽南部的薛家崗文化，交相呼應，共同構成了一幅水鄉澤國的絢麗畫卷。

發達的稻作農業

與中原和東北地區的旱作農業相比，東南地區稻作農業的痕迹更明顯。當時的稻有籼稻和粳稻兩種。在馬家浜文化兩處總計50平方米的探方內，出土獸骨約1000千克，其中以水牛和鹿為最多，另有野豬、狐狸、麝、龜及蚌等，反映出濃郁的魚米之鄉的經濟生活狀況。

用管鑽法鑽成的刀孔，渾圓規整

有孔石斧

北陰陽營文化代表性石器。質地為花崗岩。這是當時重要的農業生產工具，主要在開墾耕地時用來砍伐樹木。

精緻的石器製作工藝

東南地區石器的磨製和穿孔技術已相當普及和成熟。常見到精心磨製而成的穿孔石斧和石錛，穿孔有單孔、雙孔和多孔三種。其中兩件七孔大石刀，更是顯示農業生產技術發達的典型農具。

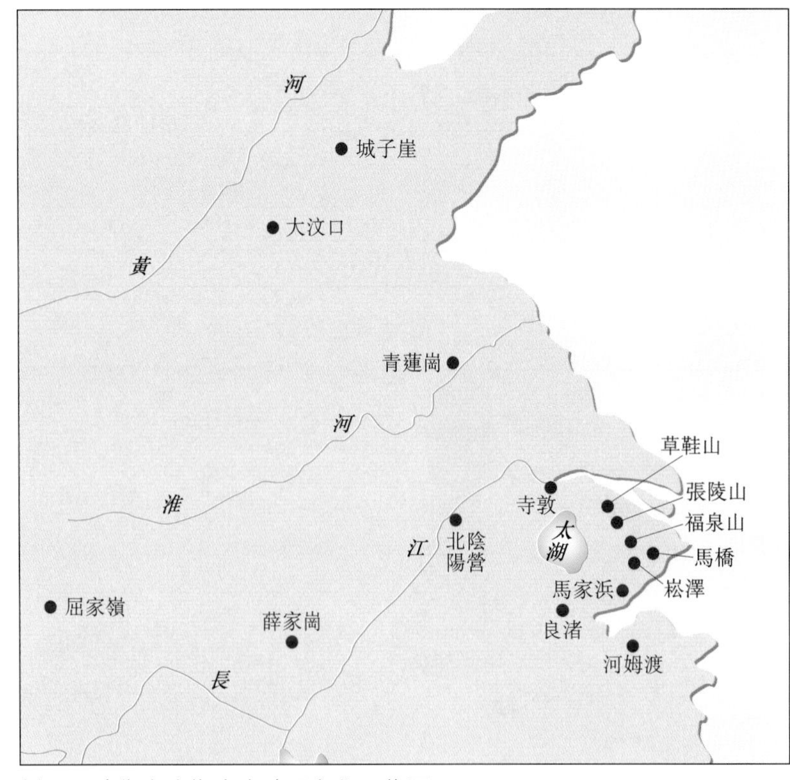

新石器時代中晚期東南地區文化分佈圖

南方風格的彩陶藝術

在這裏同樣可以見到製作精美的彩陶，只不過這裏的彩陶呈現南方風格，紋樣基本是由直線條紋組合成的幾何形紋，不見中原地區流行的動物圖案和花卉圖案。

豬首形灰陶匜

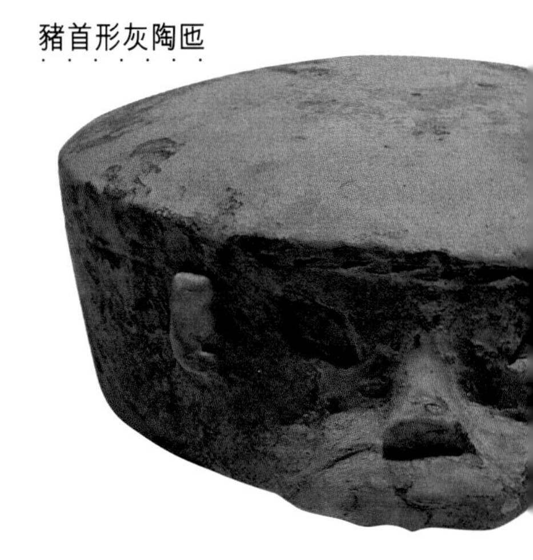

琳琅滿目的玉佩飾

在馬家浜文化、崧澤文化、北陰陽營文化和薛家崗文化的墓葬中，多見玉製裝飾品隨葬。其中數量最多的是玉玦，次為玉璜，另有玉環、玉鐲、玉墜、玉管、玉泡和玉珠等。這時期雖非南方玉器發展的鼎盛時期，但出土的玉佩飾小巧玲瓏、晶瑩剔透，在工藝上為下一時期長江下游的玉器輝煌時代 —— 良渚文化玉器奠定了基礎。

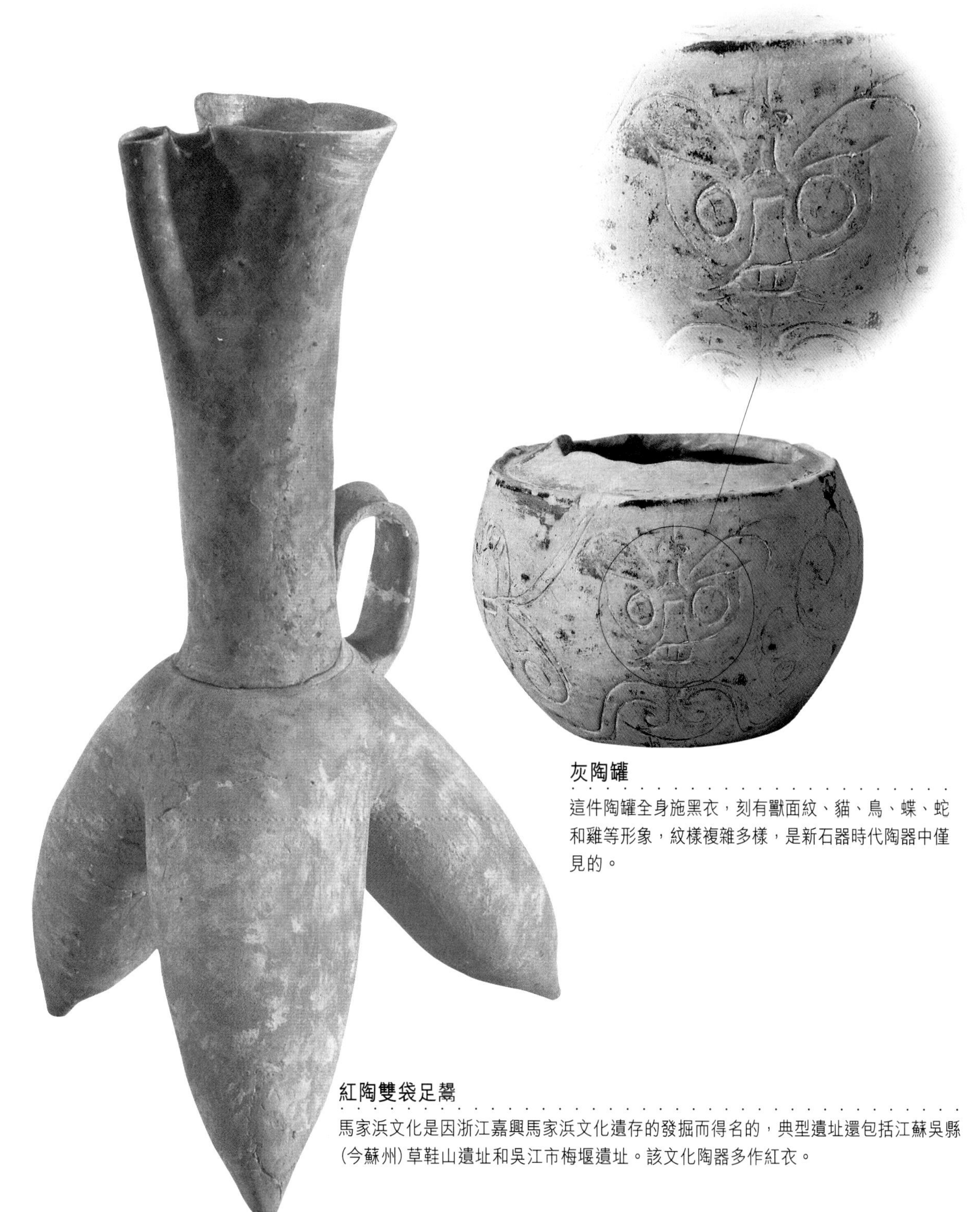

灰陶罐

這件陶罐全身施黑衣，刻有獸面紋、貓、鳥、蝶、蛇和雞等形象，紋樣複雜多樣，是新石器時代陶器中僅見的。

紅陶雙袋足鬹

馬家浜文化是因浙江嘉興馬家浜文化遺存的發掘而得名的，典型遺址還包括江蘇吳縣(今蘇州)草鞋山遺址和吳江市梅堰遺址。該文化陶器多作紅衣。

以血緣為紐帶的母系氏族組織

① 仰韶文化的母系氏族村落

仰韶文化前期發現了母系氏族聚落形態最典型的村落——陝西西安半坡遺址和臨潼姜寨遺址。整個村落呈向心式佈局，體現了母系氏族強而有力的血緣關係。置身其中的大家庭成員過着平等、友愛的生活。這種向心式佈局的聚落形態，隨着母系氏族勢力的衰弱和家族勢力的膨脹，到了仰韶文化後期逐漸被排房式或單元多間式分散型村落佈局所代替。

聚落佈局的共同特點

母系氏族聚落的共同特點是：村落在建築之前經過統一規劃，聚落平面大體呈圓形，以壕溝環繞一周，聚落內的房子往往劃分為若干組，也呈環形分佈，房子大都背對壕溝，面向村落中央的中心廣場，構成向心式分佈。村落以外則有氏族公共墓地和公共經濟設施如窰場等建築。

聚落人口及社會組織

聚落人口可以按照完整墓地內的死者數目，或按照同一時期共存的房屋數目進行大體推算。姜寨一期同時存在的房子約為五十餘座，全部集中在一個不足2萬平方米的範圍內，由此推算出經常性人口約為一百人，他們分別居住在五組房屋內，死後分別葬在五片公共墓地內，如果每組房屋內的人口組成一級社會組織，那麼由五組房屋構成的整個村落便是更高一級的社會組織，據此分析，姜寨村落是由五個母系大家族構成的母系氏族村落。

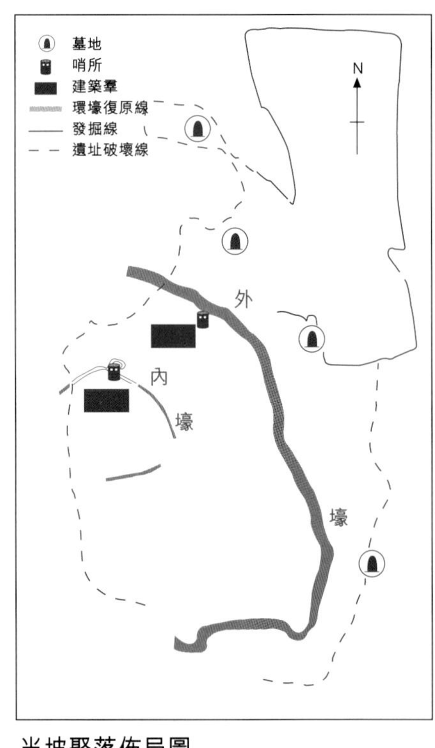

半坡聚落佈局圖

半坡村落是經過規劃建築的，由居住區、墓地和窰場構成，面積約5萬平方米。居住區外環以大致呈橢圓形的壕溝。

半坡氏族公共大屋

這種大屋是功能齊全的氏族首領的住房，他在這裏起居生活，主持氏族會議，進行大型宗教活動。屋內前半部分的大火塘是燒飯用的，兩側的土牀分別供男女睡覺之用，後半部分是開會用的。

半坡房屋遺址

這是一座母系氏族社會的普通房屋遺址，面積約6平方米。

平等友愛的聚落居民

仰韶文化前期聚落內部充滿平等、友愛的色彩。聚落內的經濟設施如窖場、牲畜圈欄、哨所等均為全體氏族成員所有，居住用的房屋雖然大小有別，但從建築材料以及房屋內部的擺設觀察，大房子與小房子沒有甚麼顯著的不同，房子的大小只取決於居住人口的多少，成員之間並不存在高低貴賤之分。

房屋模型

這是最普遍的圓形尖頂房屋，在母系氏族村落中最常見。屋頂用劃痕模仿茅草蓋頂的形式。

歷史小證據

鳥巢演變的房屋

中國原始時代的房屋與鳥巢有密切的關係。中國古代傳說中的有巢氏，據說是生活在樹上建巢的祖先。這個當時人根據所住的房屋製成的模型，反映出此種房屋當是由鳥巢演化而來的。在屋頂開闢窗口，屋頂模仿茅草覆蓋。下面的圓孔是供出入通口，很小，整個造型似鳥巢，應是人類房屋的原始形態。

房屋模型

母系氏族村落——姜寨

仰韶文化前期姜寨村落佈局示意圖

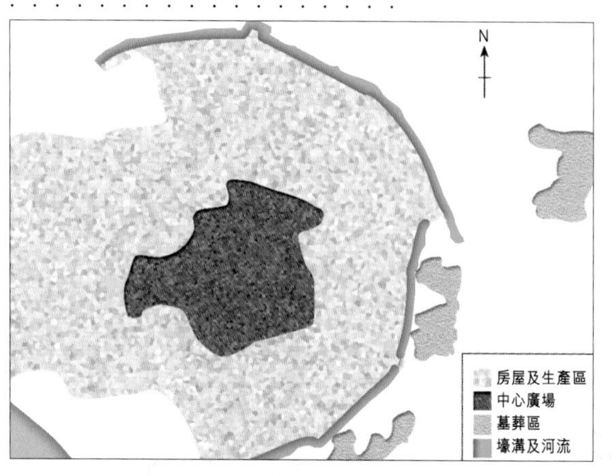

姜寨遺址位於今陝西西安臨潼區，南依驪山，北臨渭河。姜寨人就是在這個依山傍水，遠處森林茂密，青草叢生，環境優美的生息之地上生活。這裏資源充裕，林中既有野果可摘，又有野獸可獵，附近水中更有魚蝦可供打撈。村落有壕溝環繞，溝內為居住區，窰場位於村西靠近臨河岸邊，墓地位於村東北壕溝外的空地。

居住區中心是廣場，是舉行集會等大型公共活動的場所。四周分佈的房屋分為五組，每座房屋皆背對壕溝，面向中央廣場。每組房屋均由一座大房子、一兩座中型房子和若干小房子組成，周圍散佈窖穴和兒童甕棺葬，構成一個母系大家族。整個村落便是由五個家族組成的母系氏族公社。

姜寨人的手工業主要是製陶，居住地周圍有專門的窰場，遺址出土大量的陶器，彩陶特別發達，其紋飾十分新穎別致，如魚、蛙、人面紋等，筆法簡練古樸，是原始藝術的珍品。其中不少與魚有關的彩陶圖案，甚至族徽採用人面魚紋，都是姜寨人對魚崇拜的反映，説明漁獵經濟仍是姜寨人的重要經濟來源。

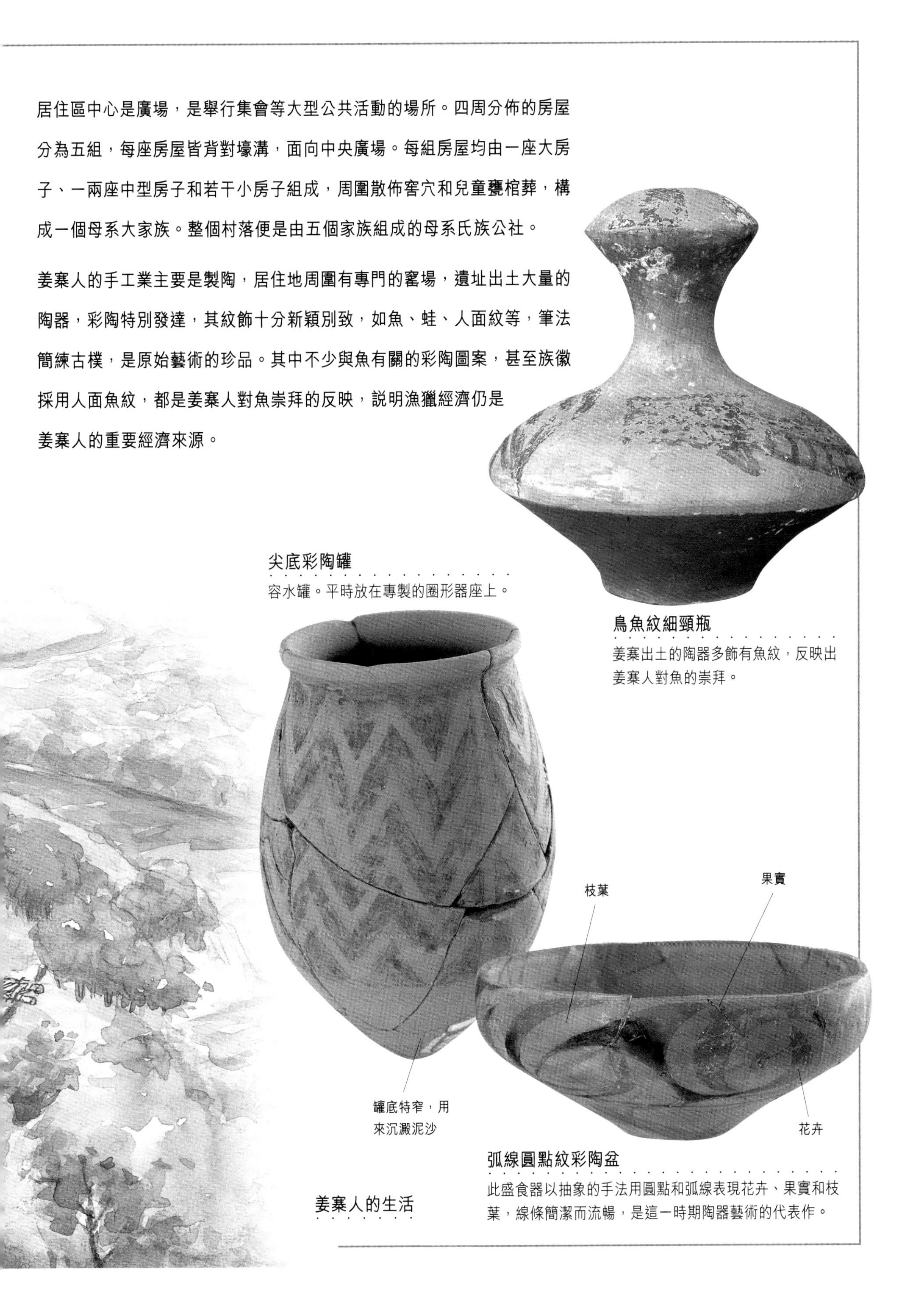

鳥魚紋細頸瓶

姜寨出土的陶器多飾有魚紋，反映出姜寨人對魚的崇拜。

尖底彩陶罐

容水罐。平時放在專製的圈形器座上。

弧線圓點紋彩陶盆

此盛食器以抽象的手法用圓點和弧線表現花卉、果實和枝葉，線條簡潔而流暢，是這一時期陶器藝術的代表作。

以血緣為紐帶的母系氏族組織

② 母系氏族的公共墓地

母系氏族社會內，氏族成員因為母系血緣關係，一起生產和生活，由於生產水平所限，天天都要艱苦勞動，才能糊口度日，平均壽命只有二十餘歲。氏族成員死後埋在一起，體現了氏族內部相互依存的關係。這特徵在仰韶文化前期的聚落墓地表現得尤為明顯。這些聚落一般都有公共墓地，與聚落內部的房屋分組建築的狀況類似。氏族公共墓地往往依據死者生前血緣關係的親疏，按照一定的區劃安葬，並享受大體平等的喪葬待遇，說明他們生前是平等而具有血緣關係的氏族成員。

合葬墓的盛行

氏族公共墓地位於居住區附近，以合葬墓為多，一個大合葬坑內有若干個小坑，每個小坑分屬各母系家族，死者分層分排安葬，反映不同輩份。氏族成員死亡有先後，不一定長輩先死，因此，每次只能個別安葬，在一定時候再進行第二次合葬。這樣既可以節省土地，又能體現死者生前的社會關係。公共墓地下的墓坑，可謂地上社會的翻版。

墓向與葬式的意義

氏族公共墓地中墓葬的方向，即墓坑朝向和死者頭向是一致的，反映出氏族的內聚性。半坡墓葬多數朝向西方，可能因氏族故土在西方，這種葬法便於死者的靈魂找到回鄉之路。葬式多數為單人仰身直肢葬，有同性合葬，沒有男女配偶合葬。同性合葬是母系血緣關係的突出反映，男女分葬則說明當時還沒有形成穩固的對偶家庭。兒童實行甕棺葬，埋在住房周圍，不進入氏族公共墓地，表示未成年人不是氏族的正式成員，埋在活人身邊以示便於親人照顧。

河南汝州甕棺葬羣

在汝州的村落墓地上，有聚集密佈的甕棺葬羣，是成人的墓地。一般村落發現的甕棺葬都分佈在房屋周圍，此處的現象很特殊。

甕棺葬葬具

專門用於甕棺葬的葬具。在母系氏族的房屋周圍，多埋葬有置放兒童屍骨的陶甕，在甕上有一孔，是期望死者靈魂升天的通道。在甕上彩繪的奇異圖案，象徵人的眼睛。

彩陶缸

隨葬品反映的平等關係

許多女性墓葬有較豐富的隨葬品，體現母系氏族社會女性享有的崇高地位；老人墓也修建得頗為講究，説明老人極受尊敬。但總體而言，同一墓地內各墓的隨葬品沒有顯著差異，反映出氏族成員間平等的社會關係。隨葬品以陶器為主，另有少量的工具和裝飾品。

鸛魚石斧圖彩陶缸

這是盛放屍骨的葬具。圖案頗有意味。魚是仰韶文化半坡類型的圖騰或族徽，而鳥是廟底溝類型及其東方變體閻村類型的圖騰。把鳥畫得雄壯有力，魚則俯首就擒，暗示着其部族極力顯揚鳥強魚弱的主題。

社會組織

墓地的佈局普遍為墓地——墓區——墓排三級制的劃分，即在公共墓地中又劃分墓區，在每一墓區內又有不同的墓排。這種三級制與居住遺址中的村落——以大型房子為核心的房屋組——以中型房屋為核心的房屋組的三級制相照應。這種三級組織與氏族——家族——對偶家庭的血緣關係相呼應。

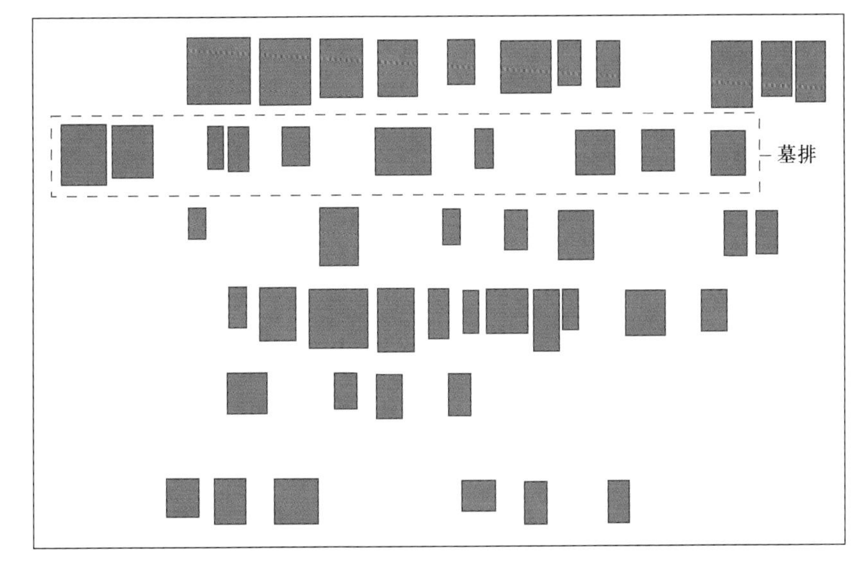

仰韶文化墓地佈局示意圖

以公元前5000年前陝西華縣的元君廟墓地為例，墓地分東西兩區，每區又分為若干排，同一區的各排墓葬是自東而西排列的，同屬一排的墓葬則是自北往南排列的。這種佈局説明當地有墓地、墓區及墓排三級組織。全氏族死者照規定順序埋葬，説明當時氏族血緣觀念強烈，氏族一級的社會組織作用強大。這是其中一個墓區的墓葬分佈情況。

以血緣為紐帶的母系氏族組織

③ 原始城堡的初現

踏入母系氏族社會晚期，文明時代的主要標誌之一 —— 原始城堡出現了。城堡是保護村落居民和財產安全的防禦措施。高高聳立的城牆就像一座宏偉的歷史豐碑，將原始社會的文明時代從野蠻時代劃分開來。長江流域和黃河流域不僅是中國史前文化最發達的核心區，也是中國最早出現城牆和城市的地區。

城堡中閃爍的文明火花

中國史前城堡起源於史前環壕聚落。起初，聚落外的環壕主要是防禦野獸，並不寬深。原始居民在開挖壕溝時，把挖出來的土不加夯打地堆在溝旁形成土埂，這該是最早的城牆了，但它並不能發揮防禦作用。到了仰韶時代，人口增多，各部落爭奪資源，爆發戰爭，僅用壕溝不足以阻止敵人侵犯，必須築高牆以保安全，於是城址這特殊的聚落形態開始出現。雖然最早的城堡還很原始，但它畢竟是嶄新的防禦設施。長江中游地區城堡走在最前列，對中國文明的發展產生深遠影響。

長江流域史前城堡 —— 城頭山

中國史前城堡的雛形還有環壕聚落的影子。目前發現年代最早的湖南澧縣城頭山城址，距今六千年，坐落在小崗地之上，平面佈局為圓形，面積只有7.6萬平方米。城內佈局經過規劃，城內東部為祭壇區和稻田區，東北部為居住區，西北部為墓葬區，西部為手工業作坊區。城內有祭壇，有隨葬品較多的墓葬，説明城內經常舉行宗教活動。在這個面積不大的小城裏

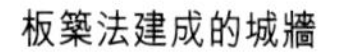
板築法建成的城牆

西山城址西北隅城牆

城牆採用方塊板築法建成，即先在擬建城牆區段築倒梯形基槽，然後分板塊夯築城牆。

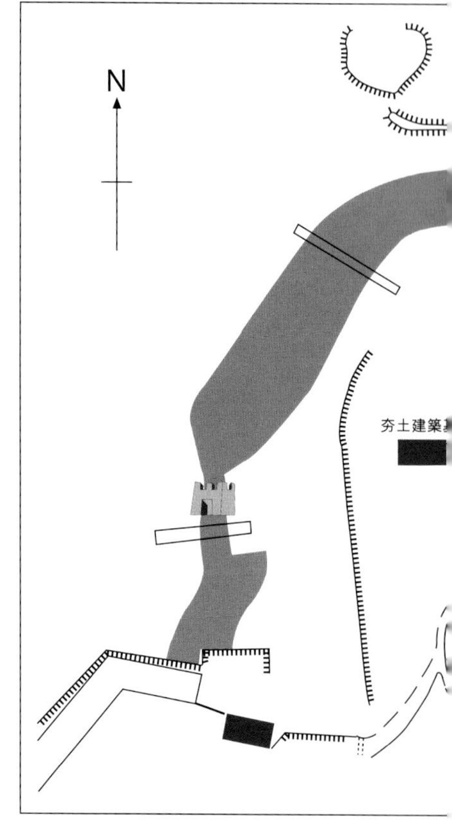

鄭州西山城址平面圖

西山城址的佈局經過精心規劃，中部、東南部為居住區，西城垣外的西側和北城垣的東部內側為墓葬區，東南部與居住和陶窰有關，北城垣的東端有呈“八”字形的城門，有主路直通城內。城垣近似圓形，保留聚落佈局的原始形態。

面，長期有大片稻田，使城址兼有鄉村的複合功能，可見此類城址仍保留着環壕聚落的種種特點，正處於從環壕聚落轉變為史前城址的起始階段。

黃河中游的鄭州西山城

位於黃河中游邙山餘脈的鄭州西山城址距今四千八百至五千三百年，最早採用先進的城牆夯築技術，夯築城牆一直沿用到唐宋以後，才逐步被磚砌城牆取代，在中國建築史上具有重大意義。

西山古城奠基遺存

這種用單件或數件陶罐、陶鼎作葬具的奠基遺存，是建築過程中最具宗教意義的一種祭祀禮儀。

西山城址壕溝

城牆外壕溝環繞，溝寬4~7米，深3~4.5米。根據古代文獻記載的城牆高厚比指數推算，西山城牆高度應為4~5米。如此高的城牆，再加上寬深的壕溝，構成西山城堅固的防禦體系。

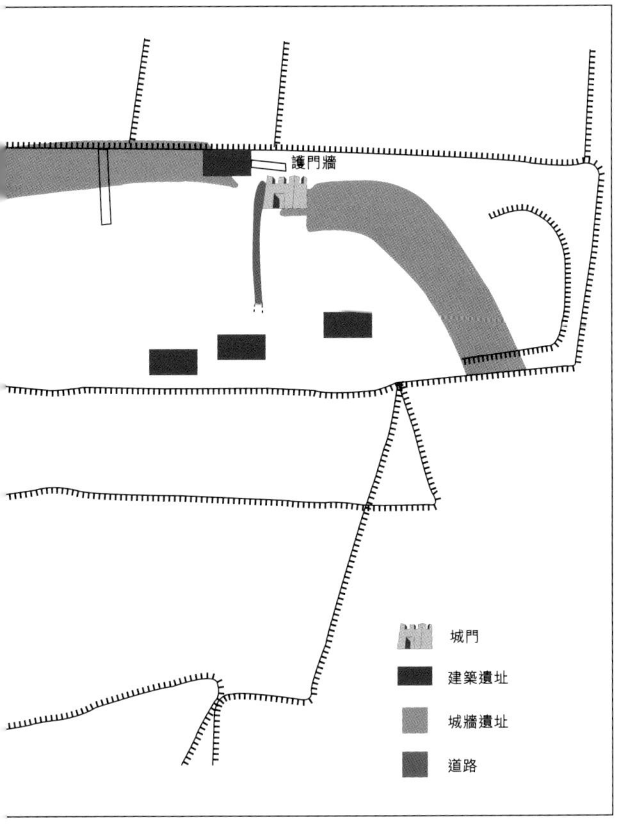

西山古城房基

古城內的房基均是平地起建的，或長方形，或方形，共兩百餘座。城牆西門東側有一座大型夯土建築基址，呈扇面形，東西長14米，南北寬約8米，周圍還有數座房基環繞，當是城內較重要的一組建築。

母系氏族社會的精神世界

① 精美絕倫的陶藝

彩陶是將繪畫和造型藝術完美結合的獨特藝術。它不僅是中國史前文化成就的標誌，也是人類文化的珍品。原始先民用他們還顯稚嫩的畫筆，描繪出他們眼中的世界，動物、植物以及人類自身，在小小陶器上反映的是人類幼年階段對世界、對美的認識，表露出豐富的精神世界。

造型的巧思

陶器是一種造型藝術，人類在製造這些實用或宗教禮儀用具時，有的直接模仿動物、植物，有些還加上自己的想像和誇張。葫蘆是中國遠古人類的植物圖騰，它多子、多產，根莖連綿，是美好的象徵，又可直接作容器，很早就為人所用。陶器出現後，葫蘆成為模仿的原型，如細頸陶壺、長頸陶壺、束腰罐，甚至折腹罐、甕等，都可以看到葫蘆的影子。

動物是原始人類的主要食物來源，用動物作陶器造型最常見，如用鼴作鼎，用狗和豬作鬹，反映出原始藝術家精妙的巧思。還有在器物的蓋鈕、器口或器身上，摹擬人物造型，既有很強的裝飾性，又表達出神秘的理念。

陶鷹尊

器口一側為鷹首，兩足和尾部構成全器的支撐，設計巧妙。鷹的形象誇張而不失寫實，將其威猛的神態表現得淋漓盡致。

紅陶獸形壺

全器作一張口的豬形，尾部有圓口可注水，嘴部則正好張開作流。背安提手，使用方便。既是實用器，又是藝術品。

拱鼻張口，似待食的豬崽

注水口

粗短的四肢

紅陶人頭壺

人像似為一少女，面帶微笑，神態安詳，是一件藝術和實用完美結合的作品。

裝飾手法多樣

當時運用的裝飾手法多種多樣：或磨光器面，使之產生細膩光滑的質感；或在陶胎上刻畫紋飾，在此基礎上又發展出鏤孔工藝；還有用實物或印模壓印紋飾，如繩紋、蓆紋、編織紋等。另外，用陶泥製成泥條和泥球塑到製好的陶胎上，為堆塑紋飾；用骨製篦狀器在陶坯未乾時刮劃成的，為篦紋裝飾，有很強的節奏感。而最常見、最富有表現力的就是彩繪。有時是只用一種手法，有時則數種方法並用。

繪畫大觀

彩陶上的圖案展現了當時人類豐富的精神世界。幾何圖形常見的有三角形、菱形、折尺形、漩渦紋等，極富裝飾意味，是對自然現象和生物高度的濃縮和感悟。象形紋飾則為魚、鹿、蛙、人面紋，這些圖案繪於陶盆一類器物的內壁，魚、蛙和鹿紋寓意人口旺盛，物產豐足，儲藏豐盛，人面魚紋的涵義則頗為神秘。還有的畫有天象紋（日、月、星）、巫術紋（狩獵紋、禾苗紋）、蜥蜴紋和男根紋等宗教氣息濃厚的圖案。

彩陶雙連壺

可能是用於某種儀式或場合的酒器，供兩方面的人共同使用，以表示互相信任、友好之意。

網紋彩陶船形壺

網紋代表魚網，壺體塑成船形，應與捕魚有關。仰韶文化半坡類型遺址中常見魚骨和捕魚工具，說明捕魚是當時人們的主要經濟活動之一。

母系氏族社會的精神世界

② 繪畫和符號

仰韶文化前期的原始繪畫取得驚人的成就。作品是用專門的繪畫工具繪在陶器上，構圖巧妙、色彩和諧，並蘊含着古代部族之間的互動關係。刻畫符號與原始繪畫一樣，均是我們解讀當時社會信息的密碼。在仰韶文化前期的陶器上發現的刻畫符號已達五十多種，較前仰韶時期主要用於占卜的簡單符號更繁複，有些符號在不同陶器上和不同遺址中重複出現，已接近原始文字的功能。

原始繪畫

仰韶文化繪畫題材涉及到與人們日常生活相關的許多方面。人物包括頭像和整體輪廓，動物有魚、鳥、蛙、龜、鹿、蜥蜴等。還有植物類，如花瓣、樹葉、禾苗等；工具類如石斧、魚網等；裝飾類由直線、曲線、圓點、幾何紋等組成的各類組合圖案。這時期繪畫技法比較成熟，表現手法既有寫實的，也有抽象的。畫在大型陶器上的整幅作品講究與器物造型協調相融，既注意俯視效果，也考慮到正視效果。某些畫幅較大或圖案對稱較強的作品，可能事先經過計算，首先在器表上分割出不同的單元，然後再着色作圖。至於色彩運用，以在泥質紅陶器上直接飾以黑彩最常見，也有在畫圖部位先施白衣或紅衣，亦即底色，然後再施黑彩、褐彩或複合彩的。

仰韶文化典型圖案——樹葉瓣紋

仰韶文化彩陶中常見的樹葉紋飾，線條舒展流暢，極其優美。

仰韶文化典型圖案——花瓣紋

仰韶文化彩陶的花瓣紋裝飾，以規整有序的花瓣圖案組成裝飾帶。

刻畫符號

仰韶文化前期的刻畫符號，絕大部分位於陶缽口沿下的寬帶紋上，另有刻在陶缽底部或陶盆外壁上的。這些刻畫符號多數是在燒製陶器以前刻上的，少數是在燒製成器後，使用時添加上去的，前者筆畫均勻，後者則粗細不一。

仰韶文化半坡類型陶器刻畫符號

仰韶文化半坡類型的刻畫符號可以分為兩類：一類與數字相像，可稱為數字符號；另一類與象形文字相似，可稱為類文字符號。這些刻畫符號對探索中國文字的起源具有重要意義。

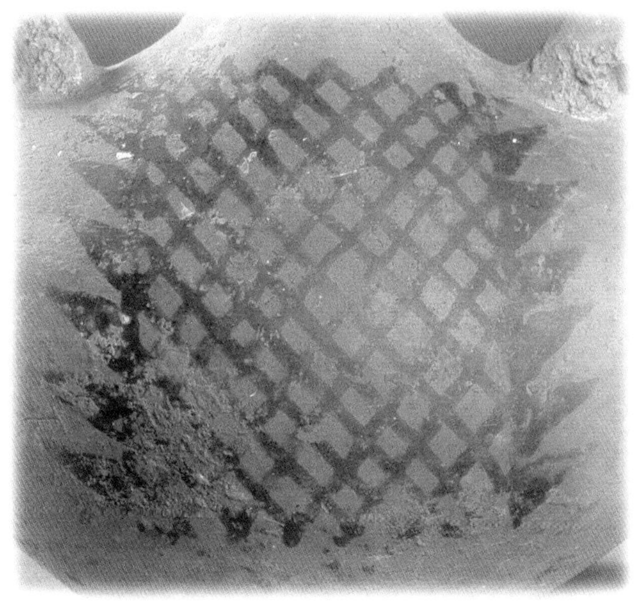

仰韶文化典型圖案——魚網紋

在船形壺正中彩繪的網紋，應與當時撒網捕魚的生活息息相關。

仰韶文化典型圖案——魚紋

仰韶文化中魚紋的主題圖案最多，反映了捕魚業在經濟生活中的重要作用和地位。

母系氏族社會的精神世界

③ 母系氏族的原始宗教

物質文明取得進展後，原始宗教作為精神生活的重要部分，也得到相應的發展。母系氏族從祈求豐年的祭祀儀式，發展到多樣化的宗教活動，專業巫師亦應運而生。

人殉和人牲的出現

仰韶文化之前，人類為祈求神靈保佑農業豐收、消災賜福，已開始殺戮各類牲畜供祭。到仰韶文化前期這種以犧牲祭祀神靈的活動更為頻繁和殘酷。在農業生產、狩獵乃至修房蓋屋等活動中，殺牲祭祀已屢見不鮮，繼而發展到殺人祭奠，認為殺人祭奠是對神靈的最大崇敬，最終導致人殉和人牲的產生。埋在半坡遺址一號大型房子居住面下的人頭骨，就是同奠基儀式有關的人牲遺存。

神龍南下與男性崇拜

仰韶文化前期，居民受萬物有靈觀念的影響，崇拜祭祀的對象繁多。除傳統的自然崇拜、圖騰崇拜和靈魂崇拜外，還出現了對男性生殖器崇拜（男性祖先崇拜）和對龍的崇拜。這既說明當時已意識到男性在生育活動中的作用，也說明男性社會地位的提高。龍是人根據多種動物特徵整合而成的神靈形象，它最早出現於北方，到仰韶文化前期，神龍南下，也為黃河流域居民所崇拜。

專職巫師登場

專職巫師至少從仰韶文化前期已經形成了。河南濮陽四十五號墓中，葬有蚌塑龍、虎圖及含有人殉現象，其墓主生前就可能是一名專職巫師。

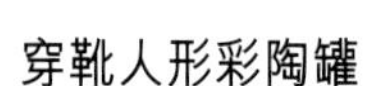

穿靴人形彩陶罐

此罐不是一般的容器，應是神器。人穿有厚重的大靴子，從比例分析，製作者有意將靴子突出、誇張，且造型怪異。當時一般人多是赤腳或穿草鞋，只有地位高的人才能穿靴子。因此，此人的身分在氏族中很高，當為氏族首領或巫師。

龍形隨葬堆塑

河南濮陽西水坡遺址中發現的一座極為特殊的墓葬，墓葬的年代距今約六千年，作為崇拜物的龍大量湧現。死者可能是一位巫師，身旁用蚌殼堆塑出龍和虎的圖案。

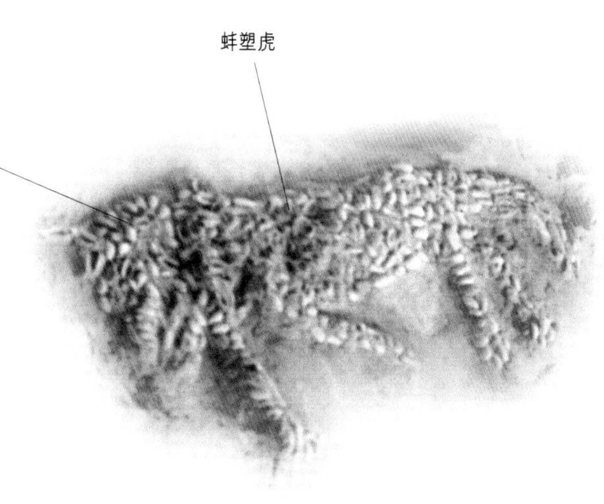

龍、虎、鹿形隨葬堆塑

濮陽西水坡仰韶前期蚌塑圖像遺迹，有人認為與原始道教的龍、虎、鹿有關，也有人認為是傳説中顓頊的墓葬，還有人認為是巫師為了某種目的帶着助手三蹻入地的宗教行為。不管具體看法如何不同，但都認定墓主身分當為一巫師，整個遺迹當為一處宗教活動場所。

第五單元·父系氏族社會的來臨

逐鹿中原的格局

①隨父系制而來的私有制

約在距今四千多年前的新石器時代晚期，中國黃河流域和長江流域的氏族部落先後過渡到父系氏族社會。父系氏族社會也稱父系氏族公社或父系制、父權制。起初它既是父系血緣集團，又是生產體系。隨着生產力的進步，分化為若干父系家庭公社。父系制取代母系制，特別是個體家庭和私有財產的出現，最終使人類社會從公有制轉變成私有制，這是人類的一次革命性變革。

父系氏族的形成

從母系氏族社會晚期開始，生產力提高，鋤耕農業發達，有的還過渡到犁耕農業。漁獵和採集生產降為輔助性生產，男性勞力從漁獵活動轉入農業生產，成為社會生產的主力，加上手工業發展迅速，冶銅、製陶等複雜工藝更適合沒有生育及家務之累的男子，女子在生產活動中逐漸被排擠到次要地位。這種地位的轉化，導致父系制取代母系制。這樣兩種制度的交替，是人類歷史上最激烈的變革之一。

貧富分化與私有制的產生

在父系氏族公社中，男子是農業與手工業生產的主力，也是生產工具和物質財富的創造者，隨着生產日益發達，剩餘產品增多，男子在氏族內的地位愈受尊崇，一些氏族首領在與其他氏族的產品交換中，將剩餘的集體財產據為己有，出現私人佔有財產的現象。個體生產及商品交換出現後，氏族內部貧富差距拉大，而私有制日益得到鞏固。

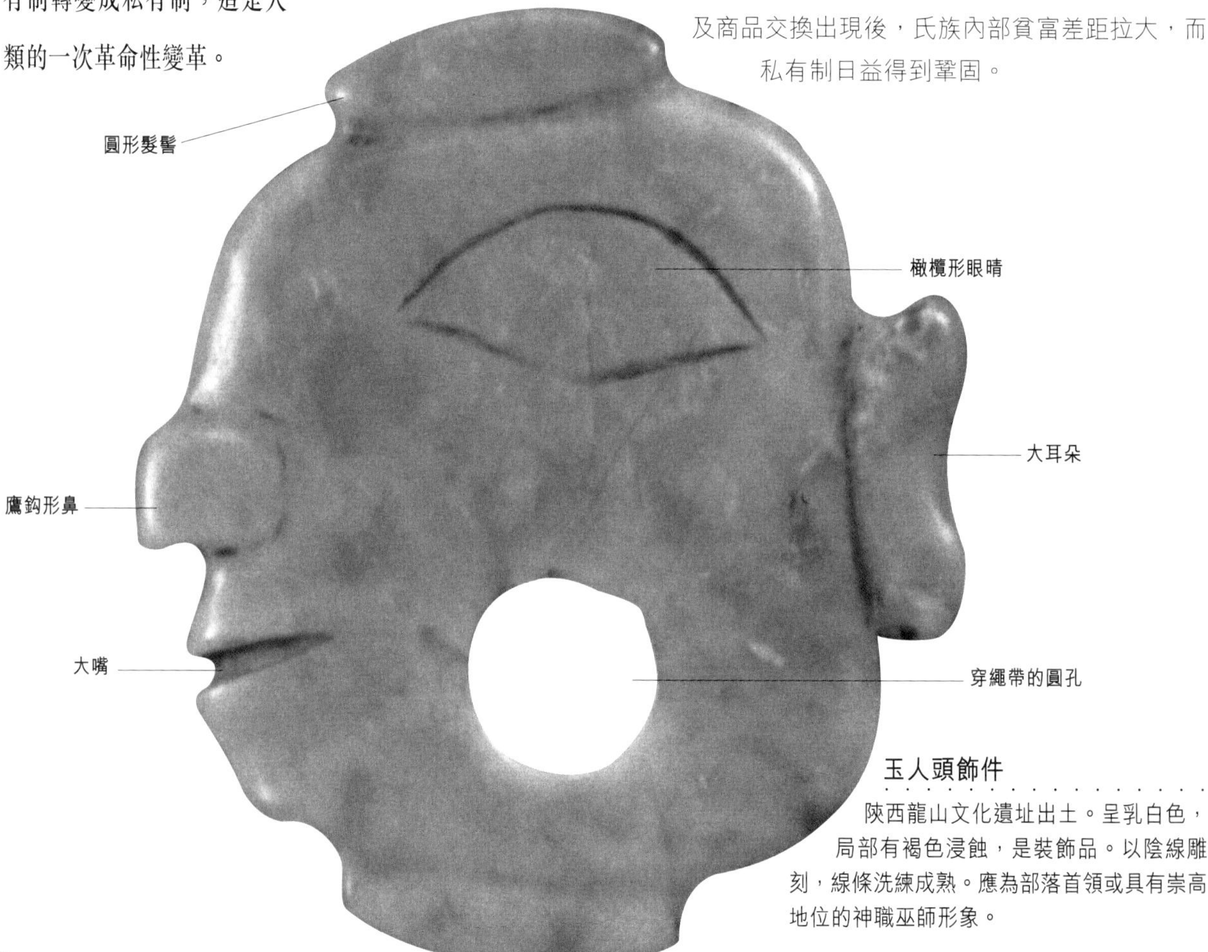

玉人頭飾件

陝西龍山文化遺址出土。呈乳白色，局部有褐色浸蝕，是裝飾品。以陰線雕刻，線條洗練成熟。應為部落首領或具有崇高地位的神職巫師形象。

鄭州西山灰坑內發現的人與獸骨架

戰俘是地位最低下的人，甚至與牲畜同等。這是在房屋旁的灰坑（相當於垃圾坑）中扔棄的兩個人，他們與狗同葬。

男性的特權

以血緣為紐帶組成的父系氏族公社，世系按父系計算，男子成為氏族的首領，在氏族內佔主導作用，所有財產全部由男性後代繼承。氏族公社內部的最初管理，仍具有民主性質，首領由氏族內年長男性擔任，他們參加勞動，遇到重大事件召集長老舉行氏族會議來決定。氏族首領若不稱職，會隨時被罷免。但隨着私有制的產生，掌握氏族財富的人獨佔權力，成為氏族的主宰。氏族首領和氏族成員逐漸對立，階級分化，最終導致氏族公社瓦解，國家誕生。

雕塑人形彩陶壺

盛水器。器正面用雕塑和彩繪的手法表現裸體人像，應為男女兩性的複合體。這種以生殖為主題的圖案，在氏族社會很常見，可知增加氏族人口是重要大事。

婚姻形態

當時實行一夫一妻制的族外婚，即幾個氏族公社結成一個部落，各氏族在部落內通婚。一夫一妻制是從母系氏族公社後期的對偶婚發展而來的。由於男子掌握私有財產，為生育嫡親子女繼承財產，世代相傳，便實行男女關係較穩定及持久的一夫一妻制，這是父系氏族社會的重要標誌。但夫妻地位並不平等，妻子只是丈夫的私有財產而已。

石鏃

私有制出現後，部落之間戰爭和掠奪不斷升級。原來用於捕獵野獸的弓箭，在戰場上發揮威力。在原始社會晚期的古城遺址中大量出土石製的箭鏃。

逐鹿中原的格局

② 彩陶文化的復興

位於黃河中游的仰韶文化在經歷了長達千年的興盛之後，在距今約五千五百年開始衰落。統一的文化面貌不復存在，先後分裂出多種文化類型，其共同特徵是彩陶的比例大幅降低，灰陶和黑陶增多，輝煌的彩陶時代已走向盡頭。只有黃河上游的甘肅、青海一帶，在繼承仰韶文化的基礎上，衍生出馬家窰文化，還保持着高度發達的彩陶藝術。

潦草的仰韶彩陶

仰韶文化以彩陶著稱，但發展到後期，由於燒陶技術的改進，特別是燒陶時，採用了飲窰方法燒出灰陶，使適於繪製彩陶的紅陶減少，致令彩陶數量鋭減。彩陶風格也變化很大，仰韶前期母體花紋繁縟的作風消失，色彩趨於單調，連線條也畫得潦草簡單。

幾何紋彩陶鼓

這是迄今發現的早期最大的敲擊樂器之一。泥質紅陶，通體施彩，由單條組成幾何形圖案。

西部的崛起

在傳統仰韶文化日趨衰落時，部分仰韶居民西遷，在甘肅中西部和青海東部創造出馬家窰文化。他們生活的年代約在距今四千至五千年，以旱地農業為主，種植粟和黍，以石鏟翻土，石製和陶片改製的爪鐮收割，還有石磨盤、石磨棒、石杵和石臼等加工糧食的工具，並飼養豬、狗、羊和雞等家禽家畜，狩獵則以鹿為主。房屋有家庭或家族式的分間房，墓葬有夫妻葬、夫妻與小孩合葬，奴婢對主人的殉葬。陶器中有男女合體彩陶壺、象徵男性崇拜的陶祖等，這些都與男性的社會地位提高乃至父權制確立有關。

旋紋彩陶尖底瓶

馬家窰文化創造了史前彩陶的第二個發展高峯，這是代表器物之一。泥質紅陶，喇叭形口，寬沿，長頸，腹部斜收。

彩陶再度復興

馬家窰文化是在仰韶文化的基礎上，融合地方文化因素興起的。在仰韶彩陶日漸衰落時，馬家窰人使彩陶再度復興，構成中國史前第二個彩陶藝術的高峯期。在其早期製作的彩陶，還保留着與仰韶文化相似的作風，如彩陶圖案主要是由旋紋、弧線弧形三角和圓點勾葉等組合在一起的，並有鳥、蛙等動物形象。到後來，幾何形圖案日佔上風，動物形象圖案化。馬家窰文化的陶塑常見人物、動物形象作品，以及房屋模型、彩陶鼓和舞蹈紋彩陶盆等造型複雜的作品。

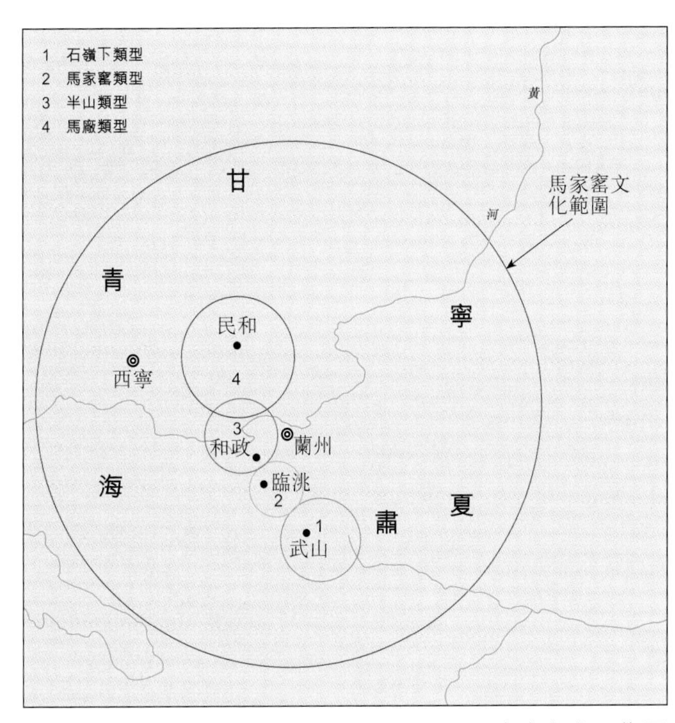

馬家窰文化分佈圖

魚紋彩陶瓶

有學者認為這種鯢魚紋與人類始祖伏羲氏有某種關係，或可認為是伏羲氏的雛形。

彩陶鴨形壺

盛水器。造型似水鴨，身上飾水波紋，表現漫游水間的鴨子形象，新穎活潑。

逐鹿中原的格局

③ 東方勢力的西進

在中國的傳説時代，東方有一批以太昊氏為祖先的氏族，在勇猛的蚩尤率領下，與華夏共主黃帝大戰，這批氏族可能就是大汶口文化的主人。大汶口文化屬分佈在黃河下游一支勢力強大的農業部落。其早期範圍只局限在山東中部和東部地區；到距今約五千五百年以後，大汶口文化中晚期遺址分佈廣泛，勢力範圍西抵河南中部，西南到安徽北部，東至大海，甚至北部的遼東半島也受其影響。大汶口文化向外擴張的重點方向指向它西邊的仰韶文化，直達其腹地河南中部，表現出強勁的西進態勢。

黑陶鏤孔高柄杯

大汶口文化典型的薄壁黑陶器，稱之"蛋殼陶"。器表烏黑發亮，造型規整，是飲酒的酒杯，堪稱原始社會陶藝中的精品。

厚0.5毫米

鏤孔

發達的農業耕作技術

大汶口文化的先民同中原一樣，也是一個農業民族，農業是他們繁榮發展的基礎。在大汶口文化的一些遺址中，不僅出土粟等糧食作物，還有加工農作物的工具。另外，翻土和收割用的農具種類很多，説明農業進一步發展。大汶口先民的畜牧業也很發達，製作的陶器有各種家畜的形象，一些遺址出土豬、狗、牛、雞等的骨骼，還有用豬或狗隨葬的習俗。在一百多座墓葬中，用整豬、豬頭或豬下頜隨葬的佔三分之一以上，其中一座墓中的豬下頜竟達三十二個，可見飼養業的發達。

技術高超的製陶業

新石器時代的製陶業到大汶口文化時期達到另一個高峯，水平超過同時期中國其他地區，成為大汶口文化最具特色的一點。此時紅陶逐漸減少，黑陶和灰陶增多。轉輪技術的使用，令器物造型更規整勻稱，並可製造難度較大的器形。硬質白陶和經過淘洗的細泥陶出現，鏤孔裝飾豐富了紋飾變化。以三足器和圈足器為主，也有平底器、圜底器和袋足器。典型器物有鬶、背水壺、盉、高柄杯、筒形器、高領甕及大口尊等，鼎和豆的形制也發生了變化。

大汶口文化分佈圖

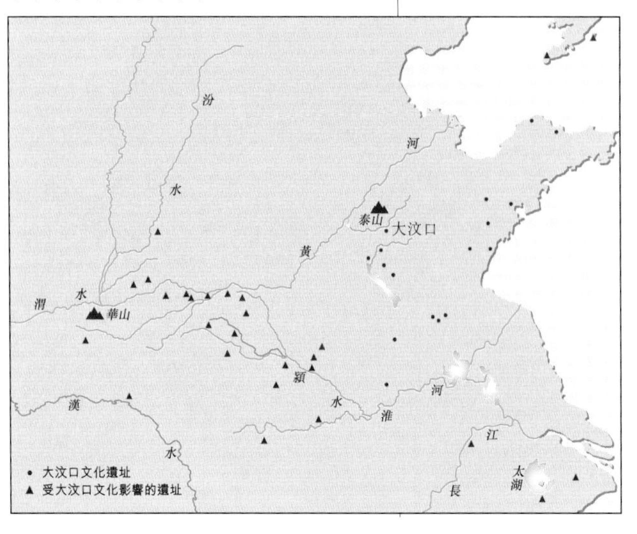

彩陶小口壺

這是長江中下游地區大汶口文化的典型陶器。此容水器以花瓣紋為主題圖案，繪製工整，紅、白、黑三種色彩變化多樣。

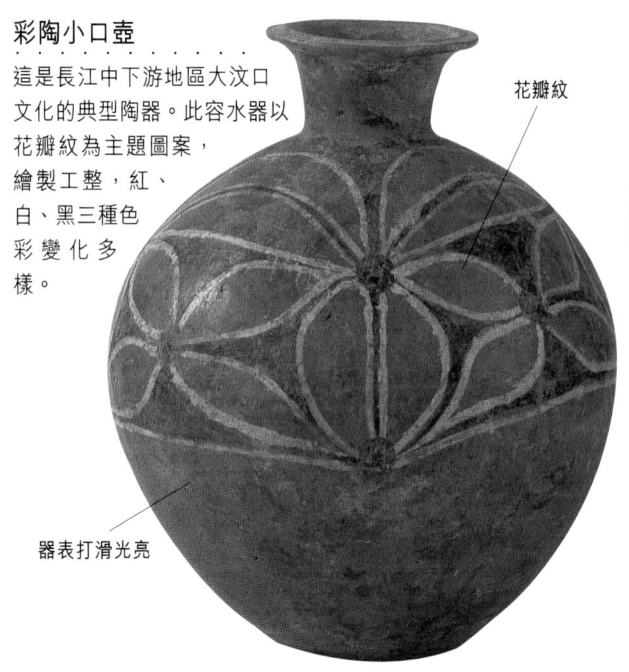

聚落形態及喪葬習俗

大汶口文化聚落按一定規劃佈置。有的居住區在中部，東部、西北部為墓葬區，並有壕溝防衛。有的以中部為活動廣場，東、西、南三面分佈兩間一組的房屋，每組長60 ~ 100米，東部還有成人墓和甕棺。大汶口文化晚期的房屋多為地面建築，以單室為主，個別為雙室；以方形為主，另有圓形。建築面積多數為10 ~ 20平方米，大的達40平方米。墓葬的頭向大多朝東，為長方形豎穴土坑墓，流行頭骨人工畸形和拔齒，一般拔除一對上頜側門齒。隨葬品有獐牙、獐牙鈎、龜甲及豬頭。大多數死者實行單人葬，但也有夫妻合葬。在墓葬的規模、葬具種類和隨葬品方面，顯示出懸殊的貧富差別。

挺進中原的態勢

大汶口文化中期約與仰韶文化晚期同時，在本屬於仰韶文化的遺址中出土富有大汶口文化特徵的陶器。到了大汶口文化晚期，在河南偃師境內甚至出現器物組合與大汶口民族十分接近的墓葬。這種大汶口文化滲透中原的現象在豫東地區更明顯。這些現象均説明，東部東夷民族的勢力此時已挺進中原。

玉鏟

玉鏟非生產用具，而是部落首領的祭器或權力象徵物。可見當時生產工具已向禮器過渡，是文化進步的表現。

白陶雙層口鬶

大汶口文化遺址出土。器物呈鳥形，最特別的是它的雙層口沿，既可阻擋灰塵雜物，又有很強的裝飾效果。

彩陶缽形鼎

盛放食物用。以含細砂的黏土燒製而成，在大汶口文化遺址出現甚多。

逐鹿中原的格局

④ 江漢平原勢力的北進

長江中游水網密佈、土壤肥沃的江漢平原，在新石器時代是農業部族居住密集和活躍的地區。屈家嶺文化是當地勢力強大的主體文化，到新石器時代中期，逐漸將勢力拓展為北達豫西南，東抵鄂東，南過長江而到湘北，西至三峽東部一帶。屈家嶺人以稻作農業為主，生產工具先進，生產效率高，製陶技術也大有進步。從屈家嶺文化起，長江中游地區的原始文化步向繁榮。屈家嶺文化的影響所及更加廣遠，最突出的是北上深入到黃河流域文化的腹地鄭州一帶，成為仰韶文化晚期來自南方的勁敵。

獨立的製陶業

屈家嶺文化的居民以種植粳稻為主，飼養豬、狗等家畜，兼營漁獵、採集經濟。石器常見小型的錛、斧等工具，還有少量穿孔石斧和穿孔石鏟。陶器製作以手工為主，但已出現了快輪製陶的技術，產量提高。因此，江漢平原應是最早實現製陶業分離為獨立的手工業，並引發以交換為目的之商業性生產，使社會發生更大的變革。從此，手工業正式與農業分離。

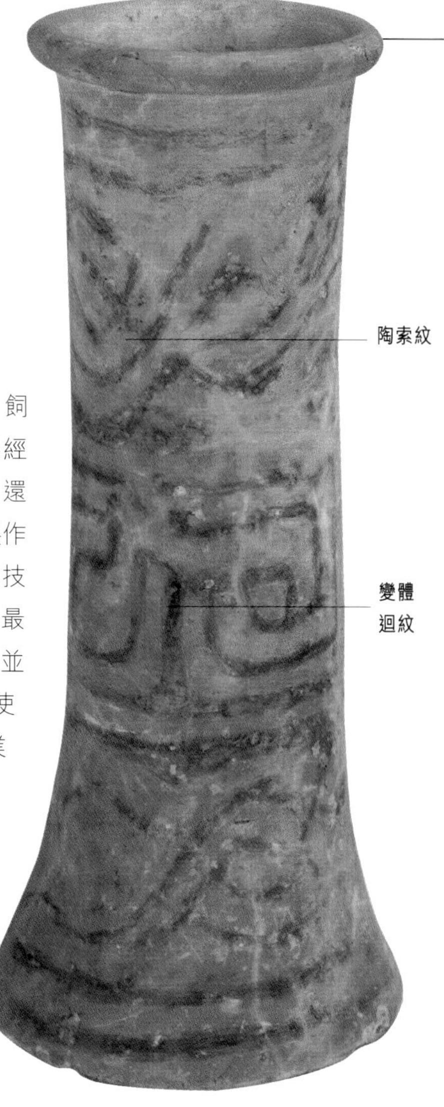

彩陶筒形瓶

此瓶全身紅衣，以黑彩繪陶索紋及變體迴紋，是大溪文化的典型器類，並為後來的屈家嶺文化所繼承。

彩陶高足壺

以紅、黑色為主色，配以褐色，是屈家嶺文化彩陶藝術的特點。這壺通體紅衣，用黑彩繪上斜網格紋。

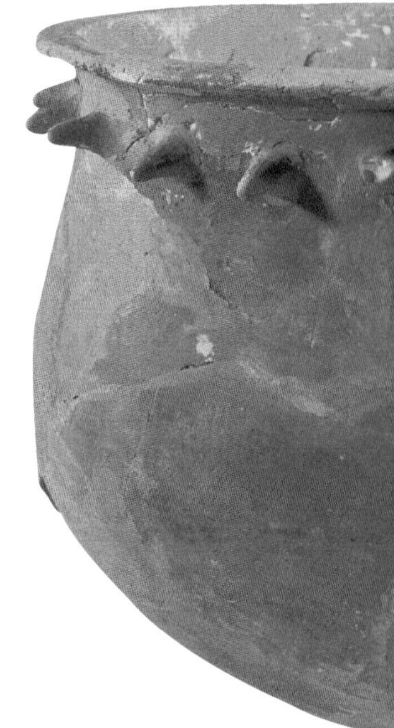

發達的紡織業

紡織的出現晚於製陶。江漢地區是原始紡織業發展最蓬勃的地區之一。在距今七千年前的大溪文化時期，人們已懂得紡織，但紡輪大而厚重，紡墜的轉動慣性偏大，只適合紡粗纖維及粗紗。屈家嶺文化時期，江漢地區出現的紡輪小且輕薄，紡墜的大小、重量及轉動慣性亦減低，故能紡織細軟的纖維，織出細密的布。紡紗織布成為婦女的日常工作。

彩陶紡輪

彩陶紡輪的花紋呈旋轉樣式，可以想見，紡輪轉動時，上面的花紋隨之變幻，產生出美麗的色彩。它們既反映出當時彩陶藝術之高，又表現出紡織業的進步。

北進中原

屈家嶺文化早期興起於江漢平原，隨着勢力的強大，沿漢水向豫西南地區挺進。河南南部特別是西南部仰韶文化的傳統佔領區，曾一度成為屈家嶺文化的地盤，以至於形成了屈家嶺文化的一支類型 —— 青龍泉類型。不僅如此，還積極影響豫中地區，使遠在鄭州一帶也出現了屈家嶺文化的因素，再延伸到長江地區的關廟山，形成關廟山類型。屈家嶺文化這種北進中原的勢頭直到龍山文化的反撲才受到遏制。

紅陶甕

用黏土燒製的甕棺，用來盛放未成年死者的屍骨。

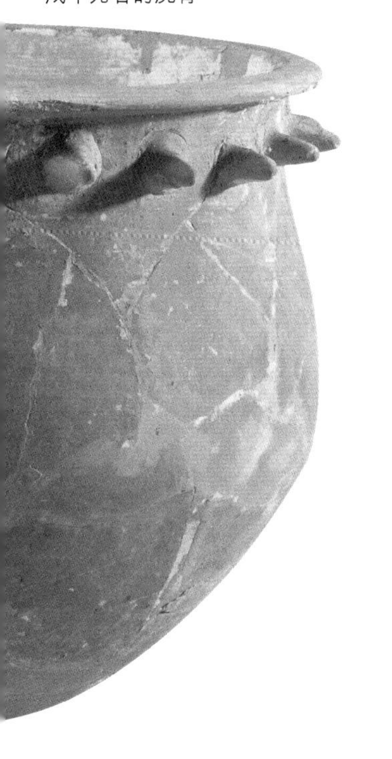

屈家嶺文化類型分佈圖

由於地域不同導致的文化差異，通常將屈家嶺文化再細分為三個類型，這三個類型的陶器羣稍有不同。

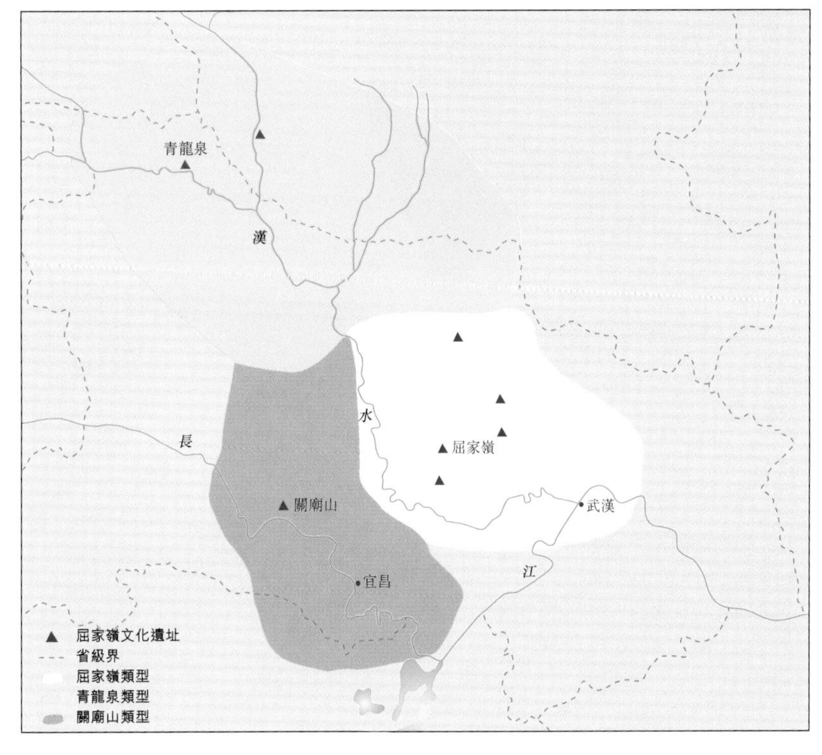

長江下游的古國

① 農業高度發達的良渚文化

距今四千二百至五千三百年前的長江下游太湖流域，也是農業發達的地區之一。良渚文化是其中一支高度發達的史前文化，其發達程度令人吃驚。它最突出的成就是擁有大量的高台建築，出土玉器之精美，堪稱中國史前玉器藝術的典範。

發達的稻作農業

農業是良渚文化的主要經濟來源，原始稻作農業發展進入新階段。農具出現許多新種類。農作物有籼稻和粳稻，還有花生、芝麻、蠶豆和甜瓜等，不少是良渚居民新栽培的作物。豬、狗、水牛是主要家畜，有人用整豬、整狗隨葬，說明飼養業的發達。栽桑養蠶是新興的生產項目，並懂得用蠶絲紡織，以及栽培苧麻製造麻製品。大量竹木器的出現，說明當時手工業發達，有些已形成專業化生產。採集、漁獵業在經濟中的比重則逐步下降。

漆繪黑衣陶罐

在陶罐上塗繪黑色和棕色的漆，可見太湖地區新石器時代晚期已用生漆作為彩繪陶器的顏料。

農具及陶器

良渚人的農業越趨精細，出現各種不同用途的農具，有石斧、石錛等砍伐樹木、開墾土地或加工木製農具；有開荒的石犁，大而扁薄，在水田中有浮力，便於耕作，是專為水田耕作需要而設計的。由鋤耕發展到犁耕，在耕作方法和生產效率上是一大進步。還有用於耕作的石耘，用於水田開溝排灌的斜把破土器，收割的石鐮，以及加工作物的木杵、陶臼等。這些農具精細輕便，適用於長江流域土質疏鬆、潮濕的地區，及水田稻作的需要。製陶業相當成熟，輪製技術普及，燒成溫度高，製出的陶器壁薄精緻，以灰黑陶和灰胎黑陶為主，精細的刻花、鏤孔和漆繪裝飾，是當地特有的風格。

紅陶鬹

這種由動物造型演化而來的陶鬹，是盛水或酒的容器，在大汶口文化中很常見，後來成為良渚文化典型的陶器。

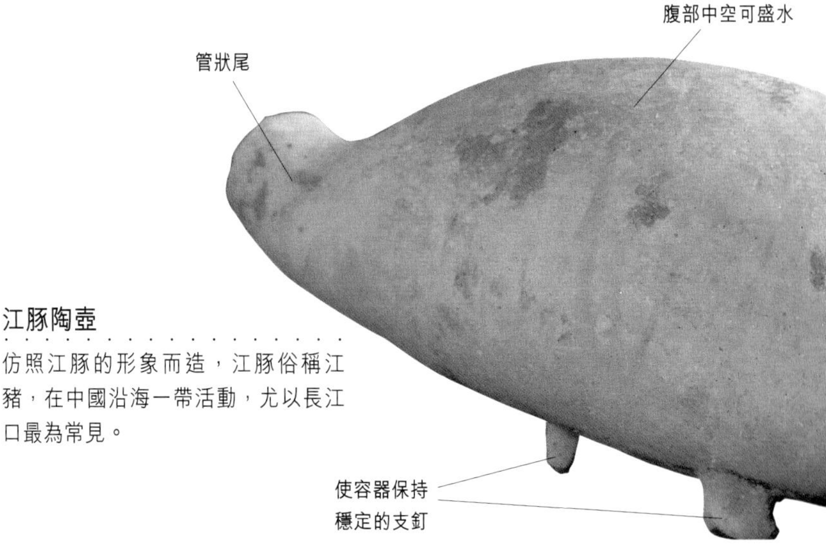

江豚陶壺

仿照江豚的形象而造，江豚俗稱江豬，在中國沿海一帶活動，尤以長江口最為常見。

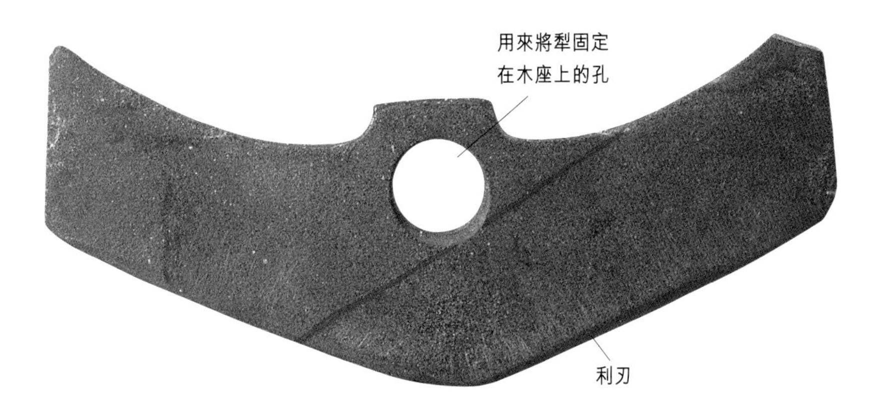

石耘田器

良渚文化新興的典型農具，用來翻土，既省力，挖掘又深，在長江流域廣泛使用。

成套的石錛

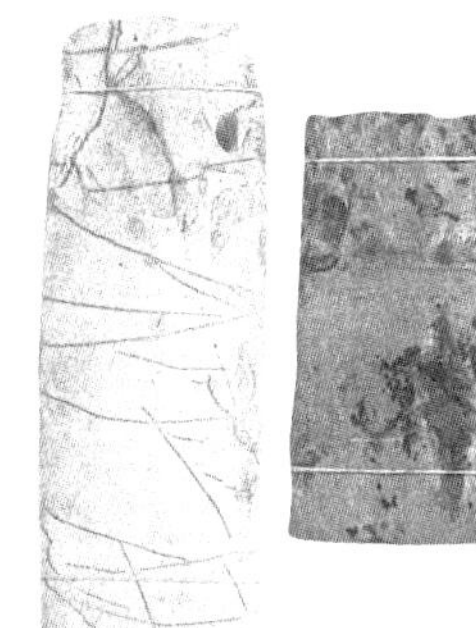

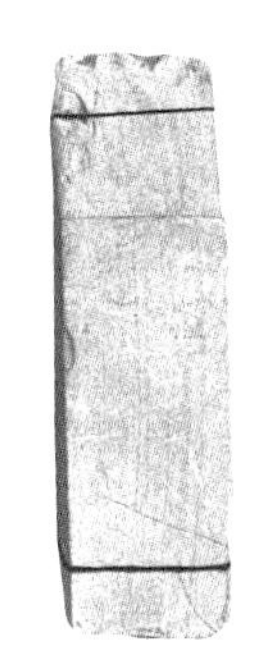

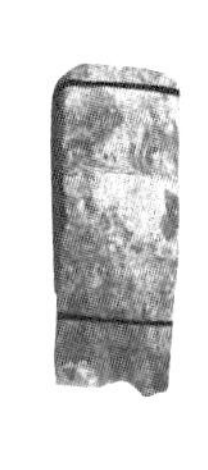
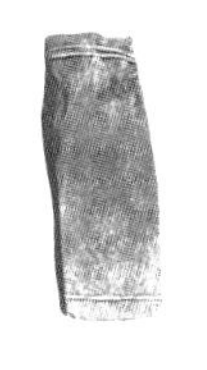
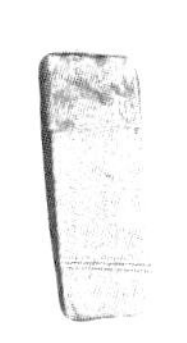

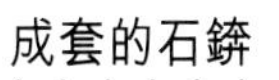

良渚文化遺址分佈圖

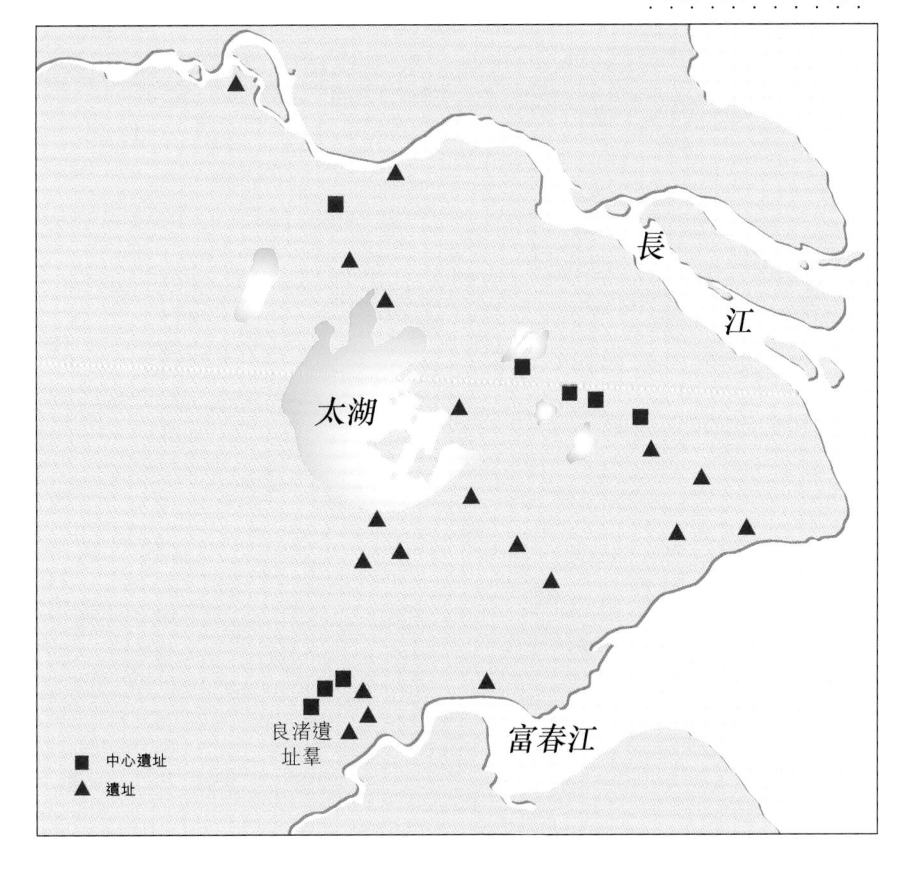

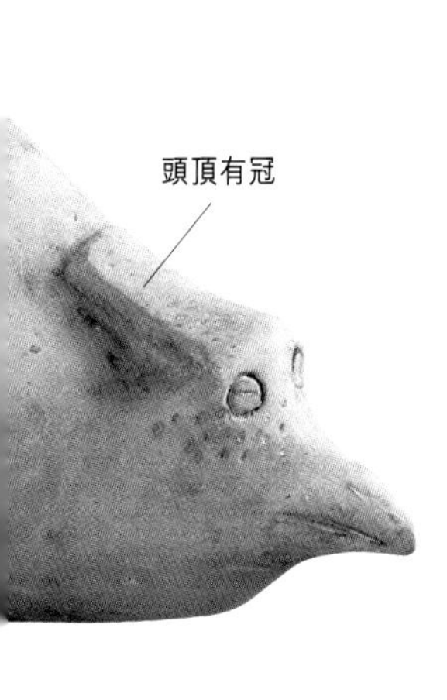

長江下游的古國

② 信奉宗教的古國

長江下游的太湖地區，比周邊地區較早步入古國時代。良渚文化是一個宗教高度發展的社會，出土大量與宗教有關的遺迹。良渚遺址羣儼然是一個勢力強盛的酋邦，在良渚鎮附近分佈着大大小小的聚落，還有莫角山、匯觀山、反山和瑤山等大型宗教遺址，出土數以千計的精美玉器，帶有濃郁的宗教色彩，反映出良渚社會內部已形成超越一般氏族組織之上的強而有力的統治體系，實際上已提前進入古國時代。

權力中心

莫角山是良渚文化遺址羣的中心點，為一處總面積約30萬平方米、高10餘米的土台，以自然高崗為基礎，再加人工堆築填平修齊。上有三座人工堆築的高4～5米的小土墩。南為300平方米的烏龜山，東、北分別為大小莫角山，面積各1000多平方米。匯觀山遺址共發現有3萬平方米的數片夯土基址，基址上有成排的大柱洞、數米長的大方木以及土坯等大型建築遺迹，是顯貴集團行使政治統治、禮儀重典和宗教活動的中心基地。

貴族陵園

鄰近莫角山的反山墓地，是土量達2萬餘立方米人工堆築的"土築金字塔"，是貴族專用墓地，堪稱良渚文化中隨葬品最豐富，等級、規格、地位最高的"王陵"。其南北兩排十二座墓葬大多有棺槨，有的棺木塗朱，隨葬品包括陶、石、玉、象牙、鑲玉漆器等。其中有兩件帶有"神徽"的玉琮和玉鉞，被譽為"琮王"和"鉞王"。玉琮和玉鉞象徵着神權和軍權，兩種器物出於同一墓中，當是墓主集神權與軍權於一身的體現。

莫角山遺址分佈圖

良渚文化最高層次的中心聚落 —— 以莫角山大型建築為中心向周邊展開。四周佈有土墩大墓葬和祭壇等五十四處。

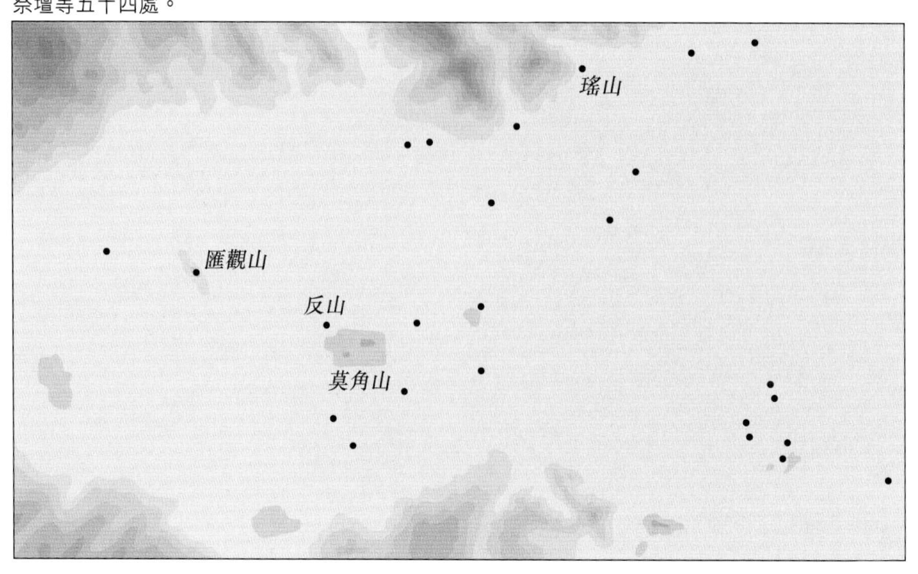

普通人的生活

良渚文化的普通聚落面積不大，墓葬為單人土坑墓，隨葬的主要是實用品，數量明顯較少；玉器主要是小型裝飾品，不見精良的大型玉器。可見酋邦普通成員的生活，在其生前死後與貴族有着巨大的差別。

冠形玉簪

應是與祭祀活動相關的玉器，形似王冠。

歷史小證據

古國首領的標誌

中國古代有以玉琮祭天，以玉璧祭地的禮制。玉琮是專用的祭天禮器。有琮的人，是可以與天溝通的人。在浙江良渚文化祭壇遺址中發現以玉琮為最高玉禮器的現象。在祭壇上分佈有男巫、女巫墓地，集中葬於一地。女巫墓中一般隨葬玉璜和紡輪，男巫墓中隨葬玉琮和玉鉞，說明男巫的身分高於女巫。琮顯示神權，鉞顯示軍權，說明男巫是集神權、軍權於一身的古國首領。玉琮越來越大，而且對玉琮的使用趨向壟斷，祭天是最高禮儀，與天溝通的人也成為最高權力的擁有者。這種權力集中到一人為標誌的政權轉折，是中華五千年文明史上的一個轉折點，也是古國的一個主要標誌。

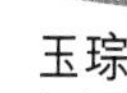

玉琮

玉琮多置於死者腰腹部。這件玉琮，直徑近20厘米，重達6.5千克，堪稱"琮王"。琮外方內圓，表示天和地，中間的穿孔表示天地之間的溝通。從孔中穿過的繩子就是天地柱。琮八方象徵地，表明琮是祭天的禮器。祭地通天是良渚人宗教祭祀活動的中心，玉琮是最重要的禮器。

玉殮葬

這是屬良渚文化迄今發現埋有最多玉器的墓，墓主人是一個年約二十歲的男子，用如此大量的玉器隨葬，在良渚文化中十分特殊，故稱為"玉殮葬"。

權力的象徵 —— 瑤山祭壇和墓地

玉琮
瑤山出土，是祭天的禮器。

祭器的出現是原始社會宗教發展的標誌之一。早期的墓葬和遺址一般多出土生產工具和生活用品。到良渚時代，不僅遺址有很多大型的祭壇，還出現專門用於祭祀的器具，説明人的宗教意識強化，宗教活動活躍。

瑤山祭壇及墓地遺址發現於1987年，瑤山位於良渚遺址羣的東北部，西南距反山墓地約5千米。這裏背靠天目山，南臨東苕溪，過溪即為廣闊的沖積平原。瑤山祭壇即在山頂上修建而成。祭壇平面呈回字形三重結構，用石磡護坡築成台階式高台，總面積超過3000平方米，為良渚文化中最大的祭壇遺址。在遺址中還發現有墓葬十餘座，出土大量玉器，有玉琮、玉鉞、三叉形玉冠飾等。瑤山祭壇置於山頂之上，有高上加高的含意，瑤山墓地只有玉琮，不見玉璧，説明這裏是祭天的場所。

玉冠狀飾
為巫師作法時的必備法器，由耘田器發展而成。在良渚大墓中，不分性別，一墓出土一件。

玉琮、玉鉞和三叉形玉冠飾只隨葬於男性墓。玉琮是祭天的專用禮器，女巫一般不隨葬玉琮，説明祭天是由男巫主持的。他們的地位高於女巫，同時掌握軍權。祭天是男性墓主一個人的事，只有他才能與天溝通，這種惟我獨尊的地位與後來的皇帝相似，標誌着良渚文化已經提前進入古國時代。

斜坡狀

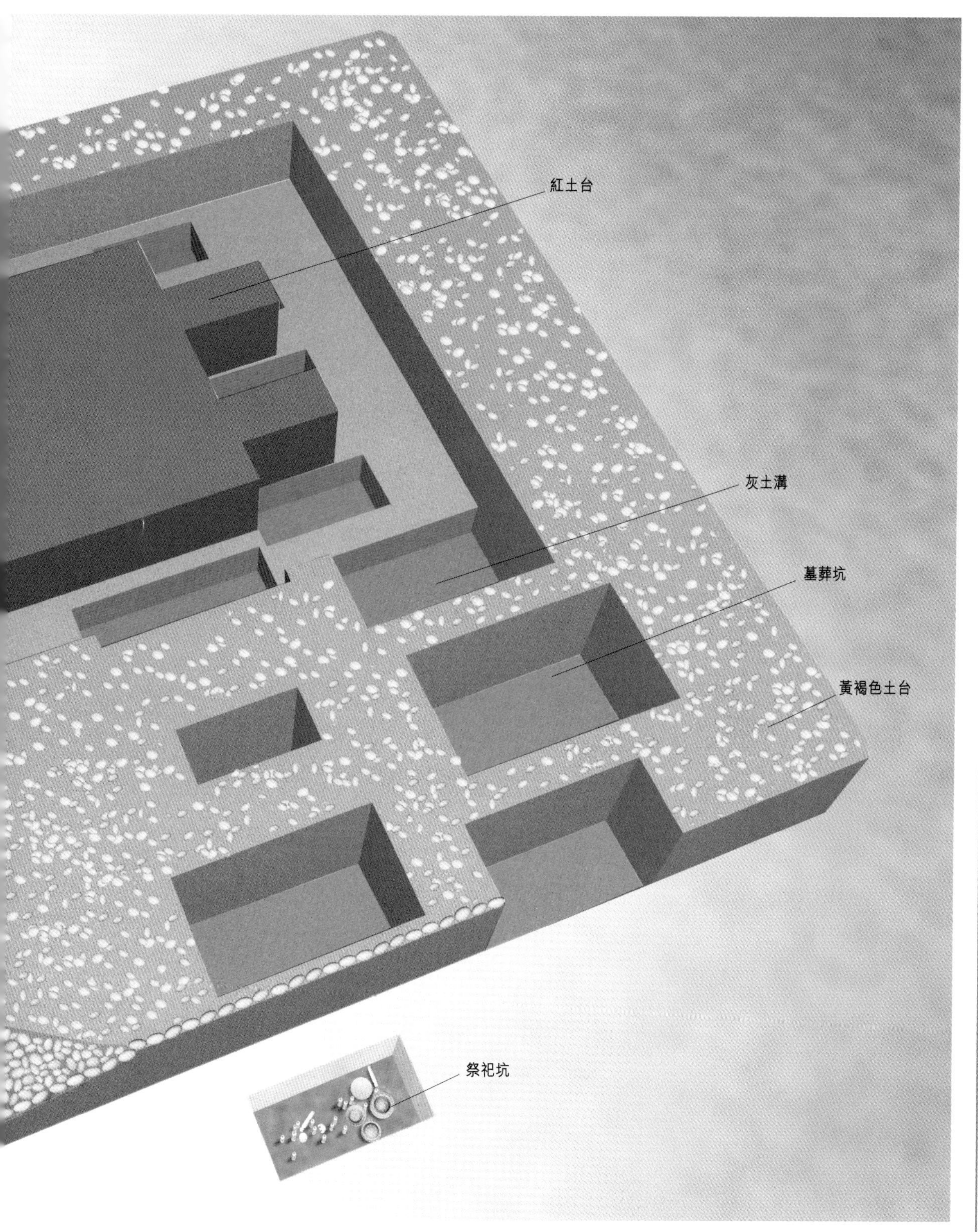

瑤山祭壇及墓地復原圖

瑤山祭壇原為一自然小山，由人工建造成祭壇，整個祭壇外圍邊長約20米，面積約400平方米。圍溝中的灰土是從山外搬來的。佈列在祭壇上有十二座墓葬，分成七座在南，五座在北的兩列，隨葬品以玉器為主，另有陶器、漆器和石器共七百零七件。其中玉琮、玉鉞只見於南列墓葬，玉璜及紡輪僅見於北列墓葬，推測南列墓主為男性，北列為女性。

遼河流域的祭祀中心

① 遊牧與農業交匯的紅山文化

紅山文化是東北地區繼承興隆窪文化和趙寶溝文化發展起來的原始文化，距今五千至六千年，與仰韶文化相鄰，自始至終都受仰韶文化影響。紅山文化以精美的玉器及大型宗教建築著稱，是仰韶文化在北方的強勁對手。在遼寧西部大凌河流域發現距今五千年前的宗教遺迹 —— 祭壇、女神廟、積石塚，這些建築遺迹佔地50平方千米，順沿山勢走向，南北軸線排列，組成一個整體，是紅山文化最高等級的政治中心。紅山文化已經突破了原始氏族聚落階段，產生了更高一級的社會組織 —— 城邦式的古國，早期城邦式的原始國家已經在北方出現了。

農業發達

六千年前東北大部分地區的氣候相當於今天的遼南或冀北，有利於農業生產。東北地區的興隆窪、新樂、紅山、富河文化等都以農業為主。紅山文化農業發達，生產工具中有又大又硬的石鋤，石鏟有打製的，也有磨製的，還有不少石刀。遊牧和漁獵仍受重視，遺址中有不少豬、牛、羊的骨骼，玉器也有豬頭形玉飾，以及石鏃、骨鏃、矛等狩獵工具和鹿、獐等動物骨骼。製陶技術成熟，多以夾砂陶製造炊器，代表器形是大口深腹罐，器身多飾以“之”字紋，器底有編織物印痕。還有僅見於北方的以黑色或紫色繪製的彩繪陶器。

紅山文化重要遺址分佈圖

紅山遠眺

紅山坐落在赤峯市區北部近郊，英金河的東岸。因為構成山體的岩石全是赭紅色，故名紅山。

玉鴞和玉鳥

《詩經．商頌．玄鳥》說："天命玄鳥，降而生商。"燕，即玄鳥，古代先民愛以鳥為部落圖騰。今北京古稱"燕"，北京後的山脈稱燕山，應與遠古時代燕子族南遷有關。

具有宗教意義的玉器

紅山文化的玉器特別是其晚期的作品十分發達，連普通聚落遺址也出土精美的玉器。這些玉器多有穿孔，應是佩飾，常見的有動物形象和裝飾品兩類。紅山文化玉器多出現於祭祀遺址，說明它富有宗教意義。像豬龍、勾雲形佩飾等較複雜的玉器，在相當大範圍內，造型一致，是按照一定規格製成的原始"禮器"。特別是在山頂出現中心大墓，墓主人手中握有玉龜，說明當時氏族成員的等級分化已十分明顯，集團首領已經出現，玉器被賦予了特殊的含義。

豬首形玉珮

豬是當時主要的家畜之一，人們除了以豬陪葬外，製造玉飾亦愛以豬為主題。

精湛的雕塑藝術

紅山文化祭祀遺址中出土了一些動物及人物的泥塑，如彩繪豬龍、大鳥的殘體等。其中，在牛河梁和東山嘴祭祀遺址中，出土有全身的人物塑像，牛河梁出土的最大的一尊人物塑像接近真人的三倍，如此推算，其完整的立像應達四五米之高。這些人像雖然多數殘損，但通過這些健壯、豐碩的軀幹、肢體，仍然透出一種古樸、粗獷、淳厚之美，可算是中國最早的人體造型藝術品。紅山文化的泥塑像，無論是人物還是動物，均比例適中，有很高的藝術水平。

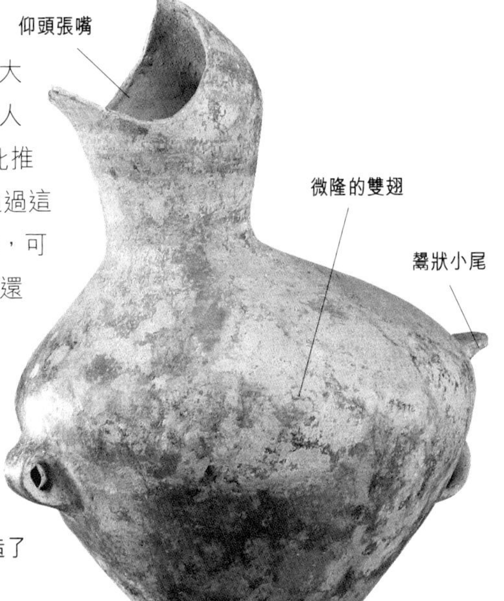

燕形陶壺

紅山文化的製陶業相當成熟，工藝水平高。從這件作品看，它形象生動地塑造了嗷嗷待哺的雛燕形象。它是實用的夾砂紅陶盛水器，也是祭器。

登上廟堂的女神

紅山文化的社會是一個宗教發達的社會，出現規模空前的宗教中心。今遼寧凌源縣牛河梁發現了由女神廟、祭壇和積石塚組成的大型宗教遺址。建在山頂上的女神廟，供奉着諸多女神塑像，並有龍首、猛禽之類的塑像及祭祀用品，説明它已具備了神廟的功能，反映出神權與王權合一的雛形。這種宗教發展的成熟，以及宗教與統治者權力的結合，正是父系社會典型特徵之一。

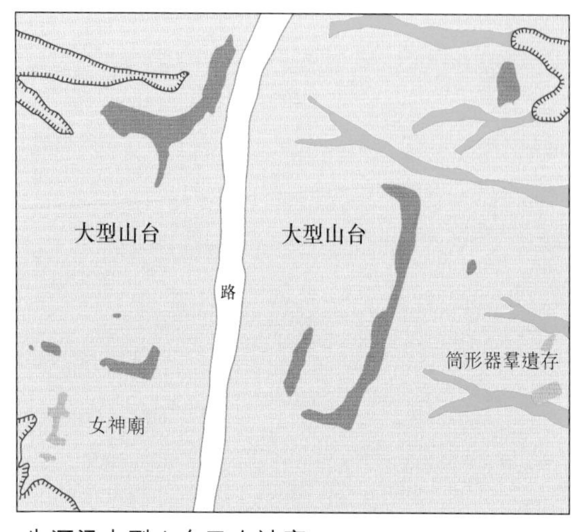

牛河梁大型山台及女神廟

牛河梁遺址的大型山台和女神廟是遺址羣的中心

女神廟位於牛河梁主梁北山丘頂，丘頂有一人工築成的平台。這裏地勢高，坐北面南，無形中給朝聖者高高在上、莊嚴神聖的感覺。廟北18米處，人工修築南北長175米、東西寬約159米的大平台，周圍砌以石頭，中間有通道與廟相通，用以進行盛大的宗教活動。

泥塑人物造像是女神廟的主體，是當時供奉的神靈。還有鏤孔豆形器蓋、彩陶鏤孔大器等祭祀用品。女神廟出土的人物塑像有大有小，説明被供奉之神已有了主次之分。

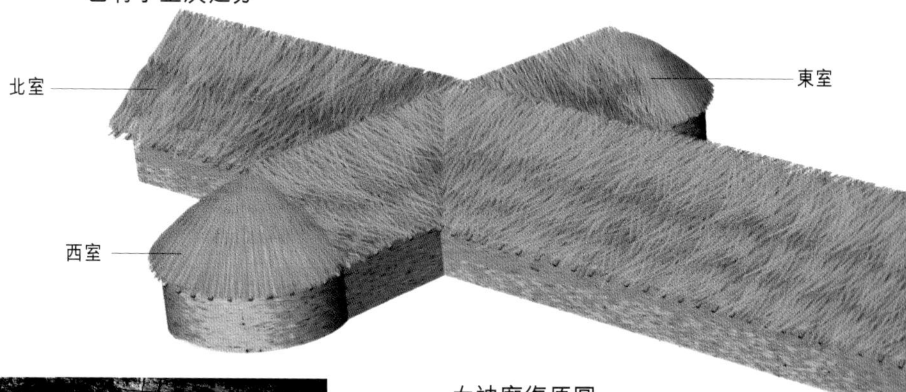

女神廟遺址

女神廟復原圖

女神廟分為主室和單室兩大部分，兩者約在一中軸線上，有2.05米的間隔。其中，主室在北，為半地穴式的土木結構建築，南北總長18.4米、東西最寬6.9米，平面呈“亞”字形，由東室、西室、北室和南室組成。室內牆壁一些部分還以朱白兩色繪有幾何形壁畫。單室在南，為附屬建築，橫長6米、最寬2.65米。女神廟總體呈對稱分佈，主次分明。

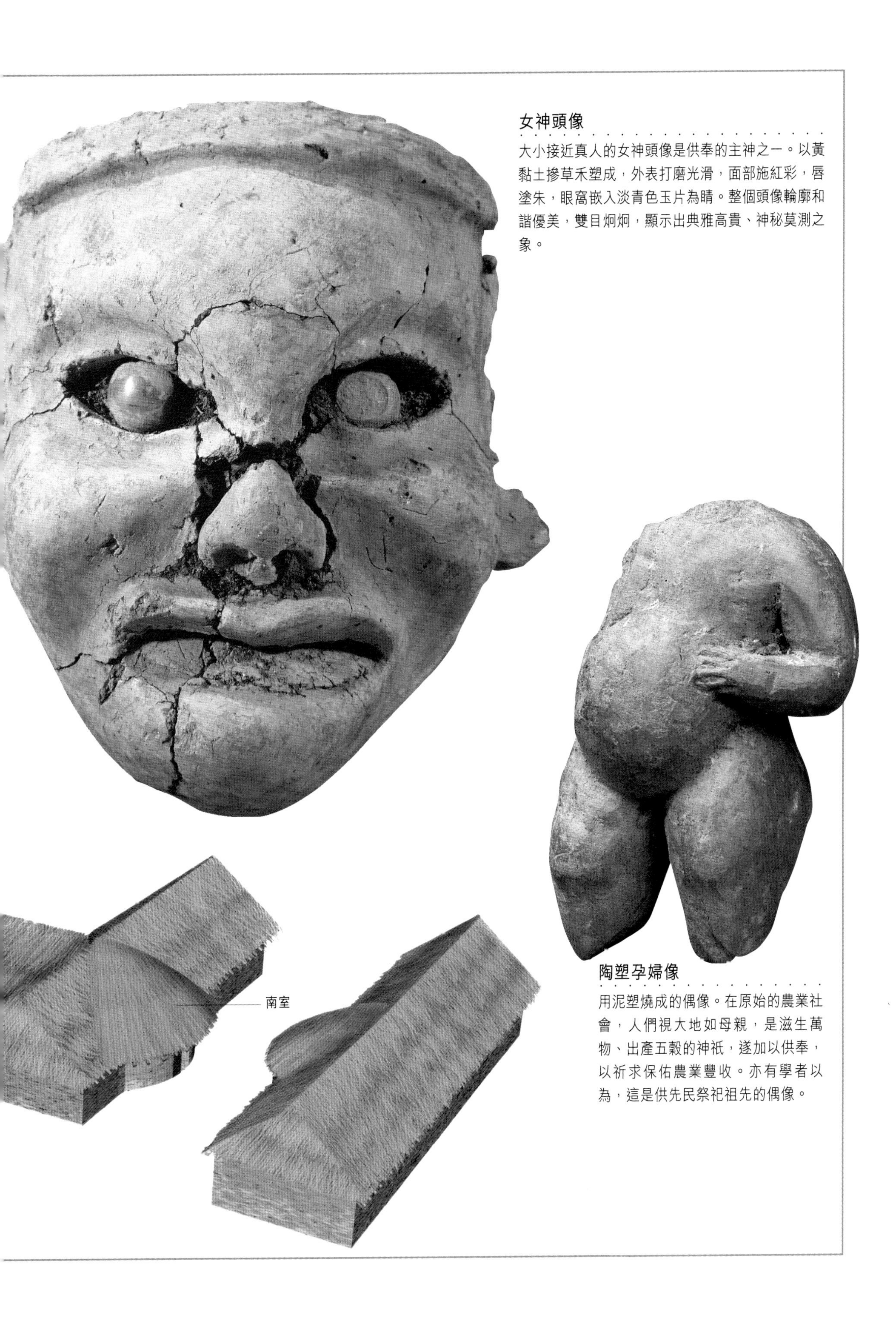

女神頭像

大小接近真人的女神頭像是供奉的主神之一。以黃黏土摻草禾塑成，外表打磨光滑，面部施紅彩，唇塗朱，眼窩嵌入淡青色玉片為睛。整個頭像輪廓和諧優美，雙目炯炯，顯示出典雅高貴、神秘莫測之象。

陶塑孕婦像

用泥塑燒成的偶像。在原始的農業社會，人們視大地如母親，是滋生萬物、出產五穀的神祇，遂加以供奉，以祈求保佑農業豐收。亦有學者以為，這是供先民祭祀祖先的偶像。

象徵天圓地方的祭壇與墓葬

牛河梁遺址中另一處醒目的遺迹是一座座用石頭砌成的積石塚。它們以石壘牆、以石築墓、以石封頂。積石塚有方形和圓形兩種，與天圓地方的觀念契合。這些金字塔式的高大積石塚和祭壇，還有不同規格的墓葬，相互組成有機的整體。這一蔚為壯觀的宗教聖地處處透露着階層分化的印痕，折射出文明時代的曙光。

大型墓葬示意圖

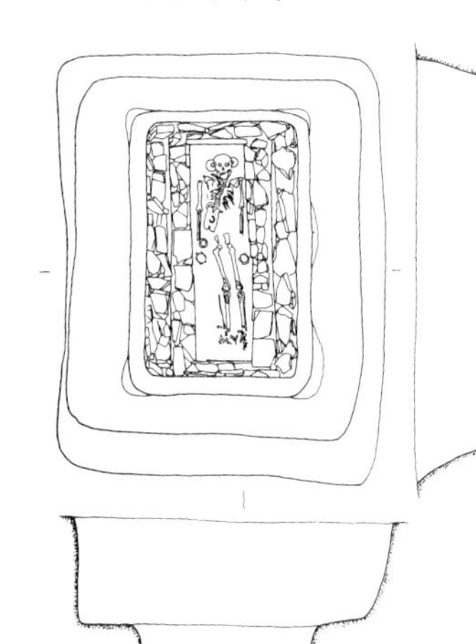

牛河梁遺址的墓葬按照規模和隨葬品數量等可分為大中小三類，體現了當時社會組織內已出現了森嚴的等級差別。大型墓往往位於積石塚的中央部位，且墓室面積大，隨葬品又多又好。中型墓次之，小型墓又次之。大型和中型墓一般都有玉器等隨葬品，有些隨葬品的種類和擺放方式具有濃厚的宗教色彩。小型墓葬數量眾多，隨葬品少見玉器，隨葬品數量少於大型或中型墓，有的則一無所有。

積石塚內大墓的主人，死後獨葬於積石塚中央，與其生前顯赫的地位相稱；中型墓

方形積石塚

牛河梁積石塚

積石建築羣北距女神廟900米，有五座規模巨大的積石塚和一座積石祭壇，東西一行排開，總長160米，南北寬50米。積石塚，有方有圓，祭壇為三層正圓形，大小有別，按一定規則一字排開，構成一道壯麗的景觀。這樣的積石塚羣在牛河梁遺址不止一處，説明牛河梁當時是由眾多社會集團舉行祭祀等宗教活動的場所。

的墓主也應是當時社會上層成員，至於小型墓墓主的身分則比較複雜，他們當中有的用珍貴的玉豬龍作隨葬品，顯然地位較高；有的則一無所有，地位低下。不過總體來看身分均不及大、中型墓主。墓葬這種金字塔式的等級結構進一步説明，紅山文化後期無論是宗教活動還是喪葬制度無不打上階層分化的烙印。

豐厚的陪葬玉器

牛河梁紅山文化遺址中心大墓。男性墓主人五十多歲。隨葬七件玉器。頭部置兩枚大玉璧，還有玉環和玉珮。其雙手握玉龜顯示墓主人為掌握神權的宗教領袖。

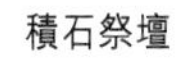

積石祭壇

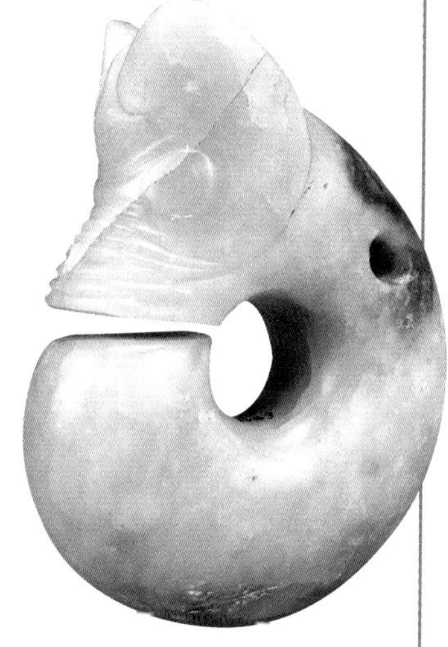

玉豬龍

紅山文化的先民單以玉器陪葬，這種惟玉為葬的傳統是紅山文化的特徵之一。以玉豬龍隨葬的，應是身分較高的人物。

遼河流域的祭祀中心

② 宗教的傳播

紅山文化晚期，宗教遺址普遍存在，另有一些中小型祭祀遺址，規模不如牛河梁，但與它擁有相同的特徵：都有祭壇似的祭祀建築，並在祭壇附近埋有墓葬。祭祀用的泥質彩陶筒形器等特殊陶器和動物類器、玉璧等是這些遺址特有的遺物。目前發現的此類遺址，至少還有三處，其中東山嘴屬中型遺址，城子山和胡頭溝屬小型遺址。

地母神社 —— 東山嘴

東山嘴遺址位於今遼寧喀喇沁左翼蒙古族自治縣大城子東南大淩河西岸，建在三面環山、一面臨河的台地上，主體建築為一方形和一圓形的壇狀基址，周圍砌有石塊。這裏存在不同時期的基址，顯然是長期舉行祭祀活動的場所。遺址有大量的豬骨和鹿骨，應是獻祭用牲。陶器主要是彩陶筒形器和彩陶雙腹盆等用於祭祀的特殊陶器，還有雙龍首璜形玉飾和用綠松石造成的鴞。最引人注目的是一批泥塑人像，其中小型者是缺頭、短足的裸體孕婦立像；大型人像僅發現殘塊，呈盤腿端坐狀。這些塑像被認為是該遺址祭祀的主要對象 ——“地母”之神。

先民墓地 —— 城子山

城子山遺址位於今遼寧凌源市凌北鄉三官甸子的西山坡上。東北距牛河梁遺址約8千米。紅山文化先民曾在此居住，後闢為墓地。現在遺址西南有一座半地穴式圓角方形房址，附近有一個2米見方的石堆，有石牆與之相連。石堆不遠處有一段碎石帶，上面是壓碎的無底筒形器的碎片。城子山的紅山文化墓葬共三座，均為土壙石槨墓，其中一座墓坑穴較大，隨葬包括勾雲形玉飾、馬蹄形玉箍、玉鳥、玉鉞和竹節狀玉飾在內的九件玉器，墓主身分非同一般。

祭壇

東山嘴遺址鳥瞰

遺址位於喀左縣大城子東南的大凌河西岸一山丘高地上，四周為一望無際的大平原。

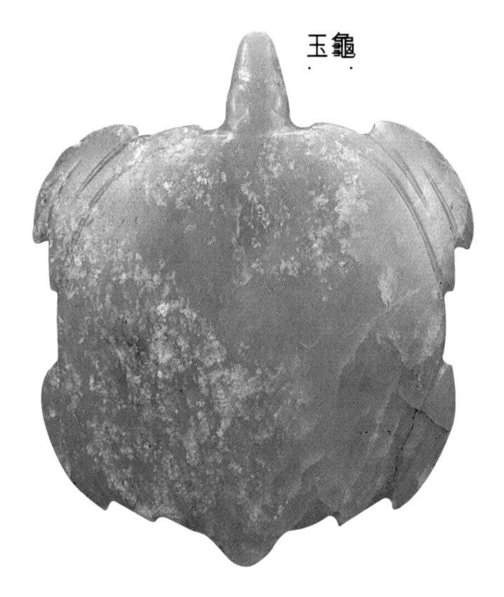

玉龜

城子山大墓墓主左右手各握玉龜一隻，右腕戴一玉鐲，胸部佩戴勾雲形大玉珮及箍形玉飾，全套玉器是用同一種青色軟玉製成，看來身分、地位非凡。

玉鐲

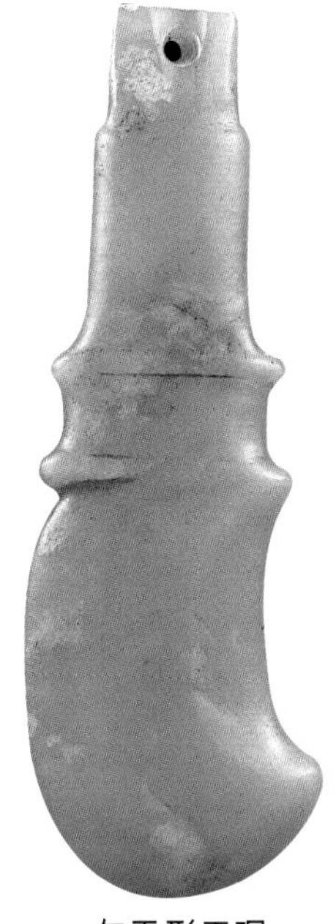

勾雲形玉珮

固定的宗教場所 —— 胡頭溝

胡頭溝遺址位於大凌河支流牛河東岸一圓土丘上，丘頂挖有墓坑，隨葬有玉龜、玉鴞、玉璧及玉環等。並以死者為中心按6.5米的半徑放置一圈彩陶筒形器碎片，於這些碎片之上建成一個石圍圈，石圍圈的兩端並不閉合，一端延伸到圈外，恰似圍圈的入口處，延伸在圈外的石塊下既有碎陶片，又有一排立置而完整的彩陶筒形器，石圍圈即是類似壇的建築。此後，在圍圈內又散放大量彩陶筒形器碎片，可能是人們多次活動時撒下的。因此，石圍圈應是舉行祭祀儀式的固定場所。圈外建有一座石槨墓，內以石板隔成五室，每室只埋一人。看來，圍圈中心的死者和圍圈外的死者都與祭祀有關。

紅山文化筒形器

這類筒形器中空無底，只在牛河梁紅山文化積石塚上有大量出土，應是專為積石塚葬制而設的特別器類。

陶塑女坐像局部

此像約為真人大小的三分之一。盤膝正坐的姿勢，表現它是被供奉的神像。

至尊神權的象徵——玉禮器

①北方玉器中心

發達的玉器製造是中國新石器時代晚期的標誌之一。玉器作為一種非實用器類，從一開始即被賦予特殊的社會功能，充當禮器，後發展為王權象徵物。神權被王權壟斷後，玉器又成為通天的神器。目前發現中國最早的玉器距今約八千年。在距今五六千年前，分別出現以豬龍和琮、璧為中心的兩個玉禮器系統：即紅山文化和良渚文化，它們是中國史前時代南北兩個玉文化中心。紅山文化玉器用料精良，製作考究，代表器物如玉豬龍、三聯璧、勾雲形珮等，在同時代其他地區從未見過，代表中國北方玉器製造的水平。

中國最早的玉器

中國最早的玉器可追溯到距今約八千年前的查海文化和興隆窪文化，出土的玉器有玉玦、玉斧、玉管珠、玉匕形飾等，全都屬於透閃石、陽起石一類的軟玉，是真正意義上的玉器，也是目前世界上最早的玉器。因此，東北地區當為中國北方玉器的起源地。距今五千年前，在中國東北地區出現以紅山文化玉器為主體的北方玉器文化中心，分佈於西拉木倫河、大凌河流域及其附近地區。

惟玉為葬的葬俗

紅山文化玉器多出於墓葬，而上等規格的玉器多見於大型的積石塚中心大墓中。這些出土玉器的大墓不僅工程浩大、氣勢雄偉，而且隨葬的玉器數量多、用料精，表明墓主人應是當時的社會顯貴。此外，一些中型墓葬也常常只用玉器隨葬，使玉器成為紅山文化墓葬中幾乎是惟一的隨葬品，這種“惟玉為葬”現象成為紅山文化的葬俗特徵之一。

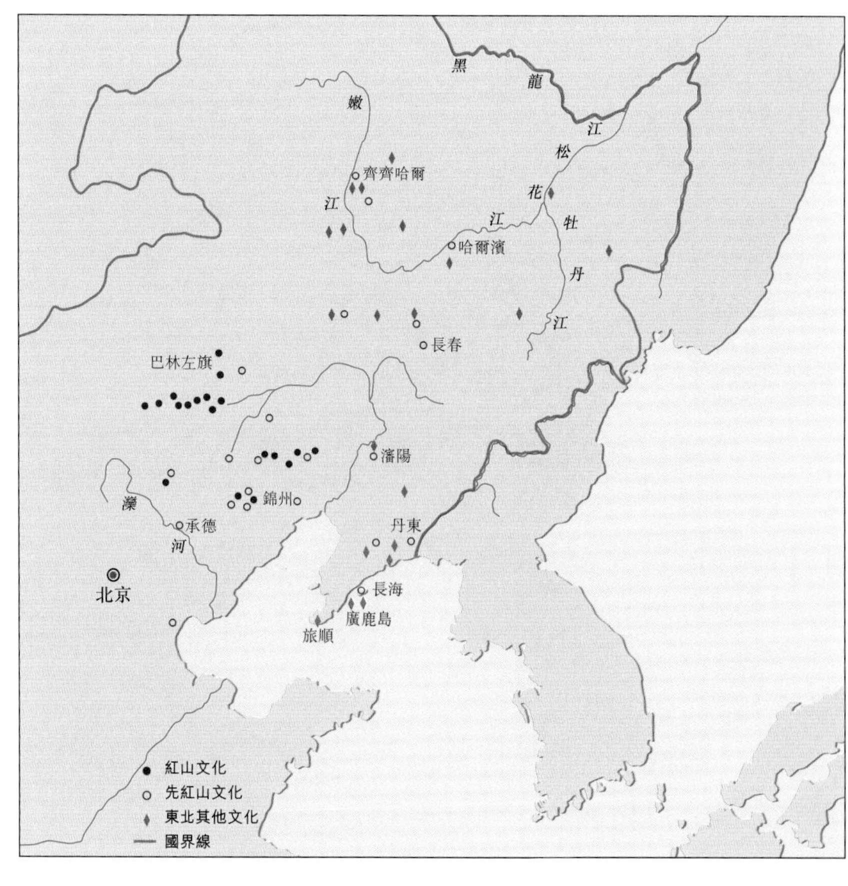

東北地區新石器時代玉器出土地點分佈圖

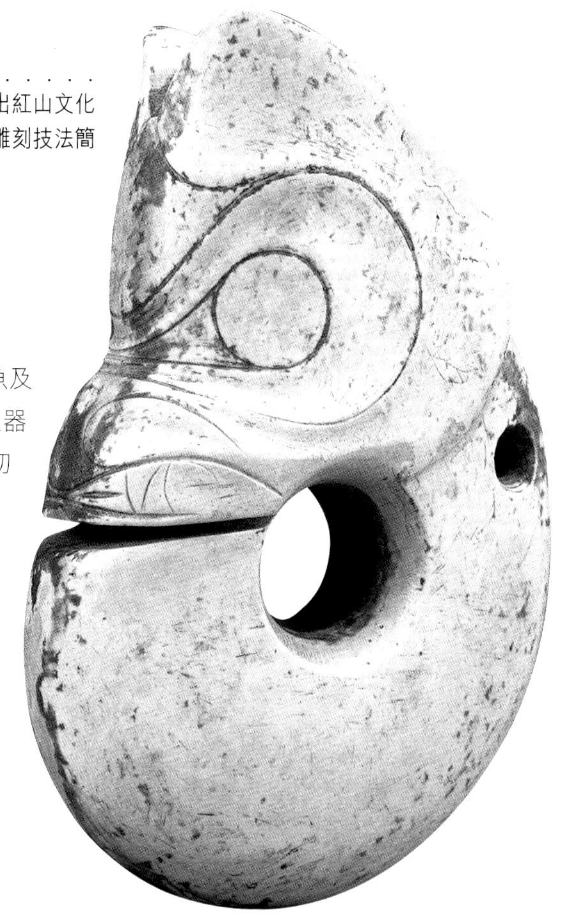

白玉豬龍

在中國人的觀念當中，龍是一種抽象化的神靈。這件玉豬龍的出現反映出紅山文化居民已經產生對龍的崇拜。從工藝角度觀賞，它造型古樸，構思獨特，雕刻技法簡練生動，是紅山文化玉器的代表作。

紅山文化玉器的工藝特點

紅山文化玉器以大型器為主，多見動物形象，如龍、虎、龜、魚及蟬等。勾雲形玉佩飾、玉豬龍、獸面丫形玉器及雙豬首三孔玉器等，均是紅山文化玉器的代表。紅山文化玉器的加工普遍使用切割技術裁玉料，運用管鑽法鑽孔。然後加工使玉器周邊圓潤光滑。另一個特點是強調玉器素雅莊重的視覺效果，很少在玉器上雕刻花紋。僅見的雕刻方法主要有兩種：一是用淺圓雕法雕出動物頭部、五官；一是在玉器表面磨出一種瓦溝狀的紋飾。這兩種方法均不影響玉器表面的光滑圓潤，使其呈現光素不飾紋的特點。

玉二聯珮

此玉應是一種佩飾。

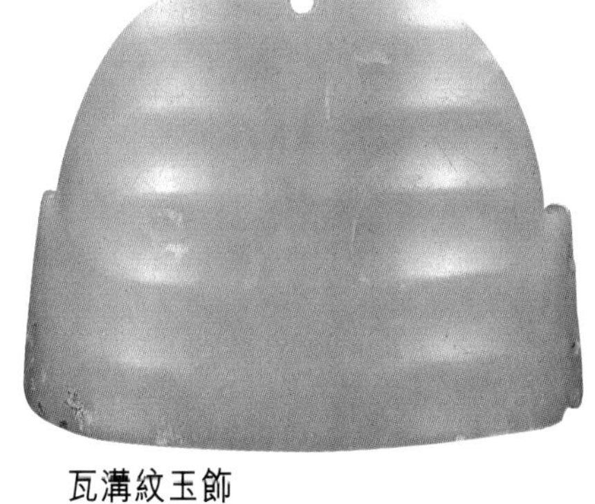

瓦溝紋玉飾

在玉器表面磨出瓦溝狀的紋飾，使其呈現光滑圓潤的效果，是紅山文化玉器的特色之一。

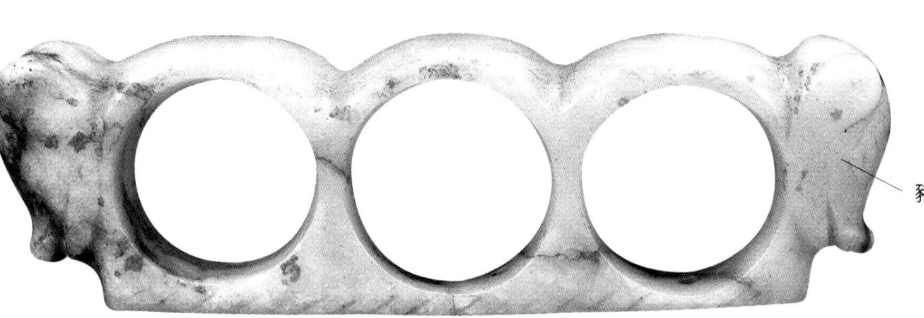

玉雙豬首三孔器

紅山文化玉器中的精品，其功用尚待考究。

至尊神權的象徵——玉禮器

② 南方玉器中心

良渚文化有大量精美玉器出土，說明中國南方地區有個以太湖流域為集中分佈地的玉器文化中心。玉料從開採、搬運、開料、製坯、雕琢，到最後完工，是多工序、多工藝的複合型複雜勞動的集合，說明當時玉器製造是在專業性的分工協作下完成的，並有組織管理機構。良渚文化玉器有三個特點：一是數量大，種類多，出土量達數千件，位居各支史前文化之首。種類有璧、琮、鉞、璜、冠狀器、圭、璋、鐲、三叉形器、半圓形飾、動物形飾和各種瓣形飾、串掛飾；二是製作工藝高超，紋飾繁縟纖細，有的在1毫米範圍內，刻出四、五道刻紋，令人嘆為觀止；三是具有禮儀用玉的性質，是宗教與藝術的結合體。

良渚玉器的工藝特點

良渚文化的玉器主體屬於真玉，即角閃石和輝石，亦有蛇紋石及瑪瑙之類的假玉。製作工藝包括切鋸、鑽孔、刻紋及拋光等。切鋸使用砣機，配合水和解玉砂作介質。鑽孔有管鑽和實心鑽兩種方法。花紋雕琢則有鏤孔、浮雕和陰刻三種。玉琮、錐形器上的神人獸面紋都是用淺浮雕和陰刻細線兩種技法雕琢而成。主體紋、裝飾紋、地紋三層重疊組合紋樣，以神人鼻樑為中軸的兩個側面像合成一幅立體圖形的表現手法，對後來的青銅器工藝產生深刻影響。

玉器的宗教功能

良渚玉器的發達建立在生產力發展的前提下，但還有一個重要的原因，即原始崇拜的作用。以獸面和神人組成的神人獸面紋是良渚玉器裝飾的主題，也是良渚人崇拜的主神。玉琮是原始宗教中溝通天地的中介，它體現了以獸面神崇拜為核心的神權，故紋飾比其他玉器雕琢工藝精致得多。良渚大墓內的主人，擁有代表神權、溝通天地的琮、璧，象徵軍事統帥權的玉鉞等，他們憑藉神的力量建立和加強自己的權勢和威嚴，支配人間的生死和財富的聚斂。玉是巫奉獻給神的禮品，巫是神的意志的體現者，因此，玉又是神在人間的代表。

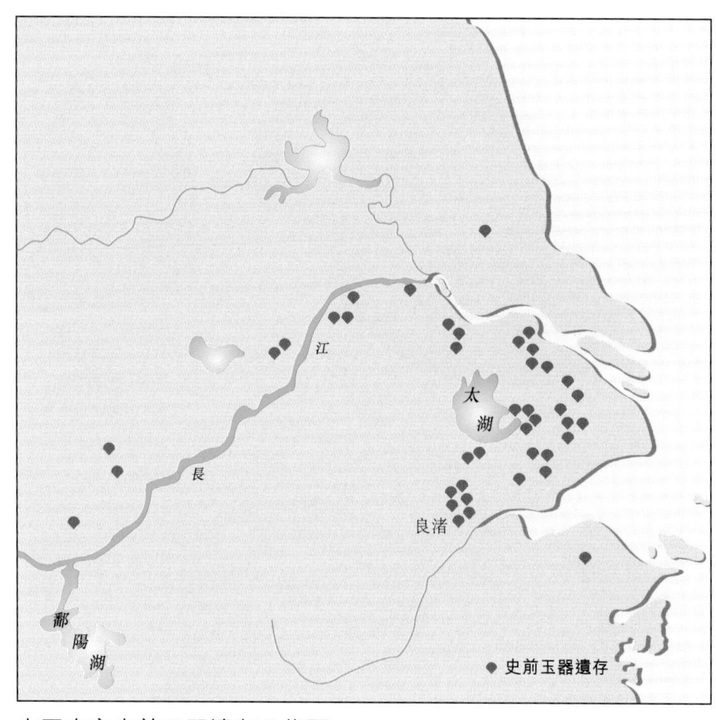

中國南方史前玉器遺存分佈圖

龍紋玉鐲

瑤山出土，是良渚文化玉器的精品。

玉琮的神人獸面紋

琮上刻神人獸面紋，將人、神複合，應是良渚人崇拜的神徽。

玉璧

璧圓象徵天，以璧作為祭天的禮器。

山形玉飾

神人獸面紋是良渚文化玉器的典型紋飾。

跨入文明的門檻

① 家庭結構的演變

家庭是現代人類社會羣體的基層單位。但在遠古時代，氏族組織的作用滲透到村落生活的各個方面，家族和小家庭作用十分微弱。直到仰韶文化早期，大家族的作用才開始抬頭。到仰韶文化晚期，家族的作用便在日常生活、經濟和宗教活動中表現出來。這一變化反映在房屋佈局上，是單元式多間房屋的出現。這時期河南、湖北、安徽等地，開始流行此類多間房，其中最具代表性的是河南鄭州大河村遺址和淅川下王崗遺址內的單元式多間房。

大家庭的分離

仰韶文化晚期，氏族組織不再是血緣關係的氏族公社，而是村落公社。村落內同一族成員集中居住在一起，形成大家庭。同時，家族成員再分離出人數較少的小家庭，居住在大家庭附近。這是向以家庭為中心的一夫一妻制過渡的形式。例如位於鄭州市東北郊的大河村遺址，面積30多萬平方米。遺址中部偏西有一條古河道把遺址分為東西兩部分，分別居住兩個社會集團，各自擁有居住區和墓葬區。

不同氏族聚居的村落

這時期的村落居民結構發生了重大變化。來自不同氏族的大家族成員，組成同一村落的居民。這是原始社會血緣關係鬆弛、地緣關係加強的結果。這種現象在仰韶文化早期不曾見到，自仰韶文化晚期開始逐漸增多，最終引起村落佈局和社會組織形式的重大變革，促進整個社會向文明時代邁進。

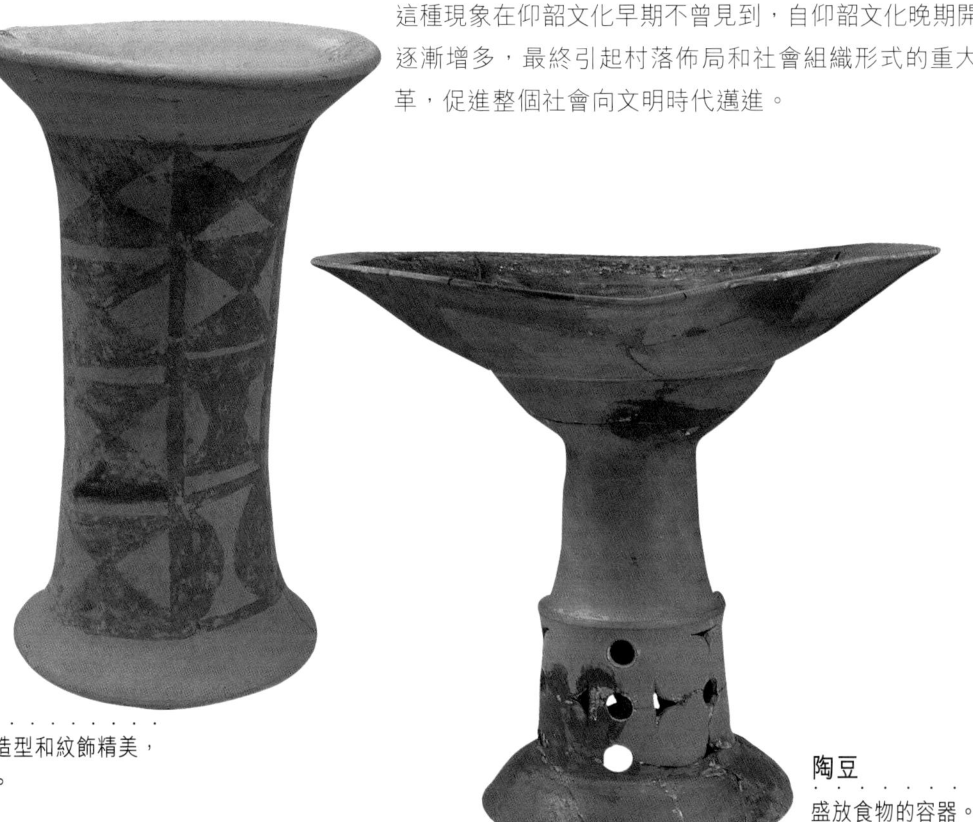

彩陶觚形器

飲酒或飲水的器皿，造型和紋飾精美，應是氏族首領的用器。

陶豆

盛放食物的容器。

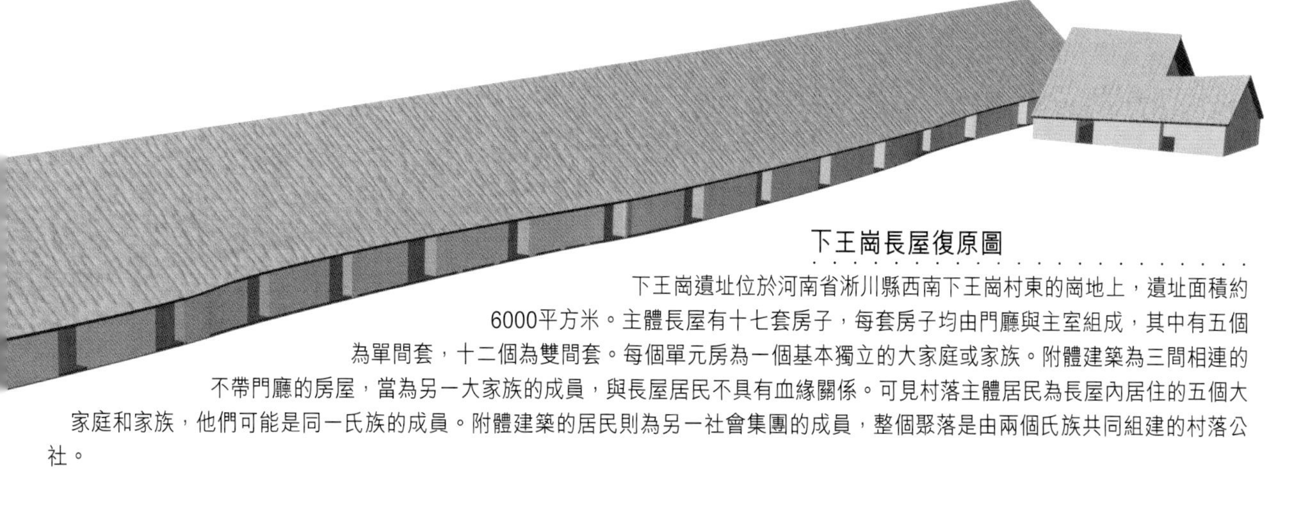

下王崗長屋復原圖

下王崗遺址位於河南省淅川縣西南下王崗村東的崗地上，遺址面積約6000平方米。主體長屋有十七套房子，每套房子均由門廳與主室組成，其中有五個為單間套，十二個為雙間套。每個單元房為一個基本獨立的大家庭或家族。附體建築為三間相連的不帶門廳的房屋，當為另一大家族的成員，與長屋居民不具有血緣關係。可見村落主體居民為長屋內居住的五個大家庭和家族，他們可能是同一氏族的成員。附體建築的居民則為另一社會集團的成員，整個聚落是由兩個氏族共同組建的村落公社。

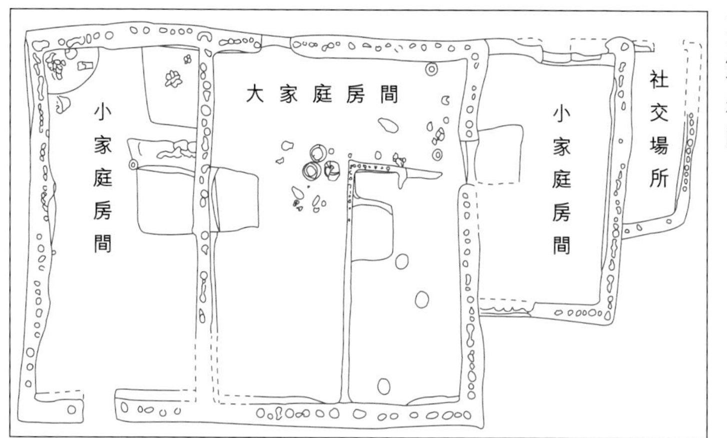

大河村房屋平面圖

雙間房屬於較固定的大家庭，兩側單間房內的成員，應是分離出去人數較少的小家庭；面積小而無灶台的房間，應是未婚青年的社交活動場所。

大河村房屋遺址

大河村內每一居住區均分佈着兩排房屋，每排房屋常以一座雙間房和另外一些單間房所組成，構成一個完整的居住單元。這種形式的房屋適於婚姻相對穩定的小家庭居住，即對偶婚家庭。

部落聯盟首領的殿堂

新石器時代晚期的房屋，不僅流行多間房，還出現超大規模的原始建築。在甘肅秦安大地灣發現有多個面積大、建築考究的大型房屋遺址，其中位於中心區內面積最大的一座，由前堂、後室和東西兩個廂房及房前廣場組成，前堂的地面、火塘表面、柱子、牆壁和房頂均抹有灰漿，灰漿用料礓石燒成，整個房間顯得富麗堂皇。尤其地面表層堅硬平整、色彩光亮，呈青黑色，酷似水泥地板。後室及東西廂房為附屬建築，有門與後室相通。廣場佔地約130平方米，栽埋兩排對稱的部落圖騰柱，共十二根。整個房子加上廣場，佔地420平方米，是迄今所見這時期最大的建築，屬於距今約五千年的仰韶文化晚期遺址，被譽為原始殿堂。

西廂
後室
主室
東廂
火塘

殿堂遺址發掘現場

這座大房屋的規模、結構及建築技術，已超越了原始簡單庇護所的概念，代表了原始社會建築技術的最高水平。

這既是部落聯盟首領居住的殿堂，也是他召開部落聯盟會議和進行重大宗教活動的場所。房子裏除有日常生活用的罐、盤、缽、缸等，還出土直徑46厘米的四足鼎、簸箕形陶器、平底釜等器物，說明屋內的大火塘除生火做飯之外，更重要的功能是眾人圍在火塘旁進行宗教活動。此遺址是最高規格的中心聚落。原始殿堂前的柱子當是這位首領統轄部落的圖騰柱。

原始地畫

這幅畫反映當時社會生殖崇拜的現象。

交叉繩紋是大地灣文化的特色之一

繩紋紅陶碗

大地灣文化是黃河流域最早出現陶器的古文化之一。陶器多為夾細砂紅陶，特徵是在器表印有交叉繩紋。

披髮

穿耳，可掛耳飾

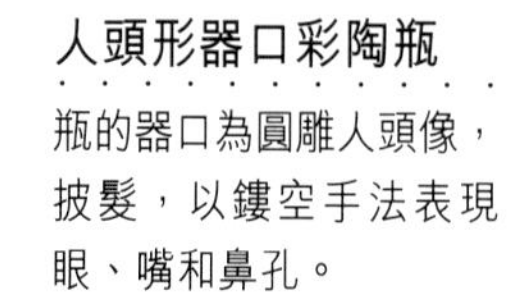

人頭形器口彩陶瓶

瓶的器口為圓雕人頭像，披髮，以鏤空手法表現眼、嘴和鼻孔。

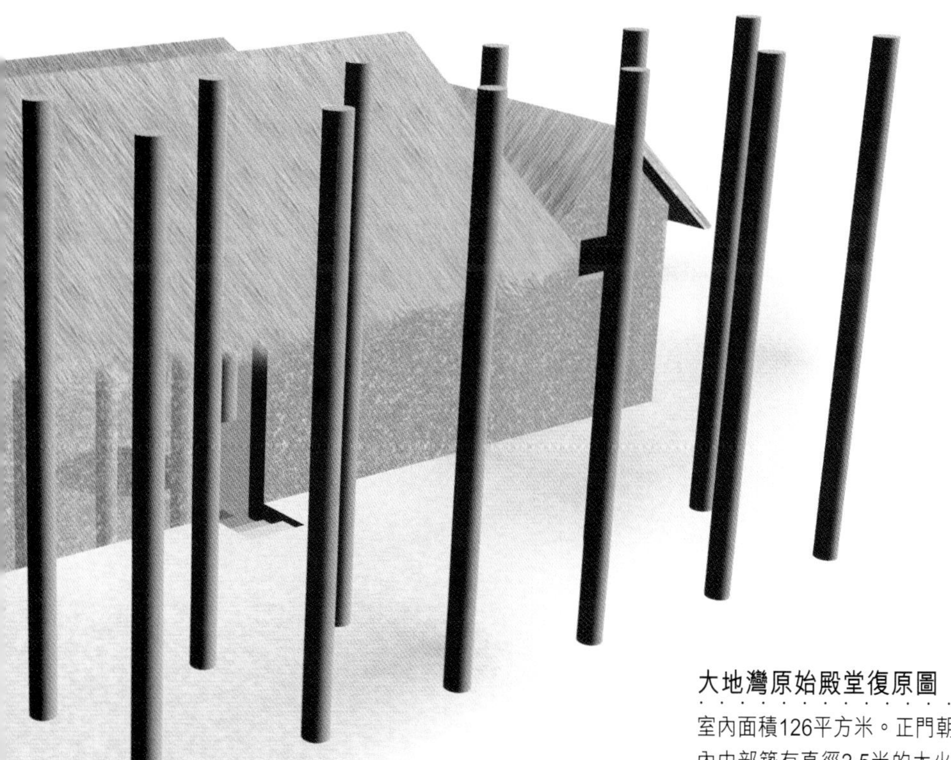

大地灣原始殿堂復原圖

室內面積126平方米。正門朝南，左右有對稱的側門。室內中部築有直徑2.5米的大火塘。前後牆上各有八根附壁柱，墊青石柱礎，柱礎下為石子、砂礫和人造陶質輕骨料及灰漿造成的混凝土層，強度與水泥相當。

跨入文明的門檻

② 平等社會的崩潰

這時期墓葬制度發生劇烈變化。從平民中分化出來的權貴，不僅將墓葬挖得又大又深，甚至不屑與同族人埋葬在一起，另選風水寶地，並隨葬大量精美的陶器、玉器乃至象牙製品。相比之下，數量眾多的平民不僅沒有因社會財富總量增加而改善生活，相反，從隨葬品狀況看，他們甚至不如先輩。仰韶文化早期墓葬，死者不分貴賤，都隨葬數量相若的物品；而此時，無論是普通聚落還是中心聚落的墓地中，都出現明顯的貧富分化現象，昔日氏族內部代代相傳的平等的埋葬制度不復存在，平等的氏族社會走向崩潰。

最初的分化現象

河南孟津縣的妯娌遺址，是仰韶文化晚期的普通聚落，聚落內部的居民雖然埋入同一墓地，保留母系社會平等的遺風，但墓葬的規格和隨葬品已出現分化現象。依據單人墓葬大小和有無葬具之別，大體可分為三個等級：第一級為大型墓，僅一座，墓坑5米 × 4米，有兩層台，內置單槨，隨葬有象牙箍；第二級為中型墓，墓坑一般長2 ~ 3米、寬1.5 ~ 2米，置有單棺；第三級為小型墓，大小為2米×1米，無葬具。

中心大墓的顯著差別

在大汶口文化中心聚落的大汶口文化墓地，墓葬間的分化趨勢更為明顯，可作為銅石並用時代中心聚落墓地等級制度的代表。大汶口文化早期墓葬已存在大小之別，可明顯地分為大中小三個級別。小型墓長度僅1.8米，寬不超過半米，隨葬品只有一兩件，甚至一無所有。大型墓長度在3米以上，寬度為2米左右，隨葬品多達百餘件。中型墓介於兩者之間。大墓中往往出土有陶器、石器、象牙器等精緻的藝術品。

象牙梳

象牙器多出土於較高級的大墓。

鑲松石骨雕筒

這可能是象徵氏族首領權力的麾之柄部。牙骨雕刻及玉石鑲嵌技術始於大汶口文化，開創了商周鑲嵌工藝之先河。

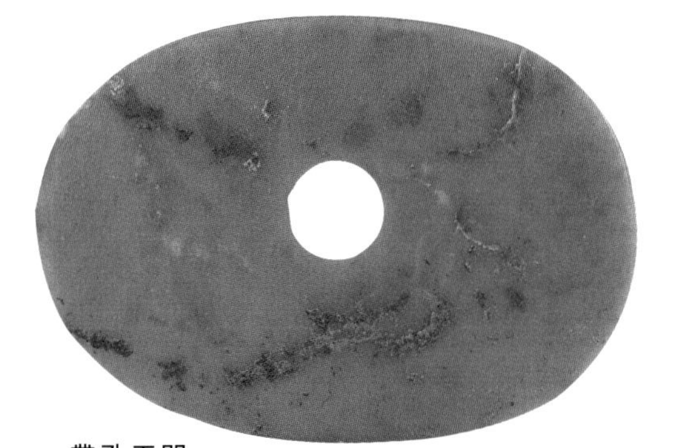

帶孔玉器

此器玉質細潤，淡綠色，出土於較高級的大墓。

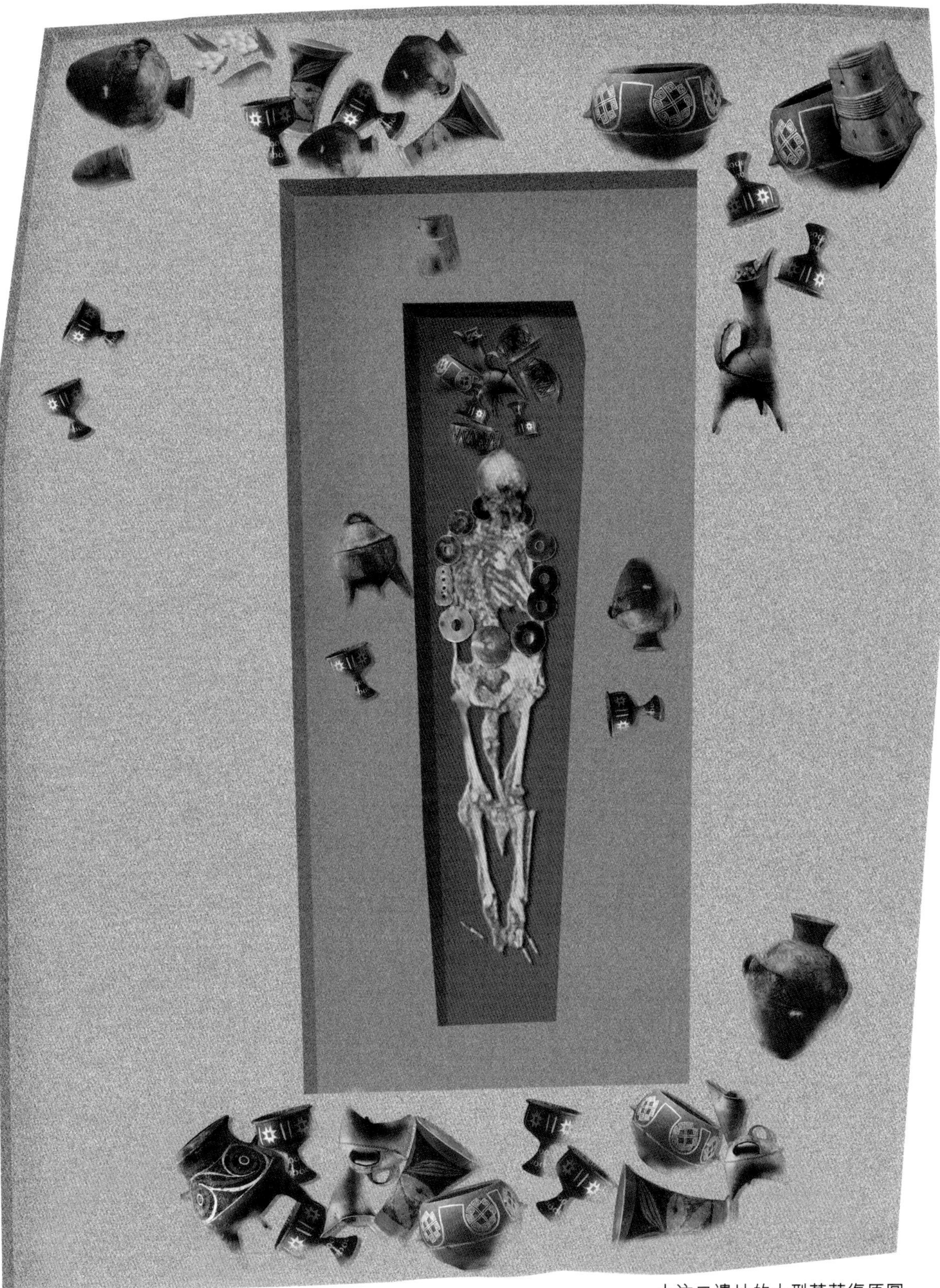

大汶口遺址的大型墓葬復原圖

征伐與掠奪的古國時代

① 東夷人的文明

距今四千至四千六百年左右，各地的文明均有極大的發展，青銅和黃銅器出現；城址湧現，甚至出現成組的城市；文字產生，成句的文字亦開始出現。整個社會跨入傳説中的古國時代，或稱為初級文明階段。在距今約四千至四千五百年，山東和江蘇北部出現由大汶口文化發展而來、由古代東夷人創造的史前文化 —— 龍山文化。其生產力有長足的進步，陶器製作業發達，以磨光的黑陶最具特色；還有精緻的玉器，並掌握銅器冶煉技術。密集而堅固龐大的城堡湧現，超級豪華大墓衝毀了舊日平等的氏族制度。這一切都説明，龍山文化已經進入初級文明社會。

黑陶的故鄉

龍山文化以製陶為特色，輪製陶器特別發達。快輪製陶術普及，使製陶技術進入新的發展階段。陶器器表為素面或打磨光滑呈黑色，以蛋殼黑陶杯最精緻。龍山人已掌握相當進步的冶銅技術。玉器製作更精緻。如三里河墓葬有成組的玉器，日照兩城鎮出土獸面紋玉斧，反映了作為禮器的玉器生產已專業化。古文字在經歷仰韶文化的刻符、大汶口文化的圖畫之後，到龍山文化時代終於出現記錄語言的工具 —— 真正的文字。近年來，在山東鄒平丁公發現的多字刻符，應該是記錄語句的真正文字。

中心的城堡

龍山文化時期，中國史前城址進入新階段，城堡規模擴大，數量劇增，分化明顯。就已經發掘的龍山文化城址而言，結構佈局和功能越來越齊全。壽光邊線王古城佈局為大城套小城，似形成內外兩重城牆，便於防守。在城堡的周圍一般都有許多中小型聚落，或許是以城址為中心分佈某一集團的普通聚落羣。城內地勢一般較高，似具備監視城外動向的功能。城內出土大型精美的陶器，極罕見的刻有文字的陶片，其他幾座也都有規格高級的陶器，説明這些城堡應是一個區域文化中心。

山東境內發掘的龍山城址

名稱	位置	形狀	面積（平方米）	備注
城子崖	章丘市	長方形	20萬	城內高於城外
丁公	鄒平縣	圓角方形	11萬	城外設壕溝
田旺	淄博市	圓角豎長方形	約15萬	城內地勢較高
邊線王	壽光市	不規則方形	內城1萬，外城5.7萬	內、外城相套

蛋殼黑陶高柄杯

壁薄如蛋殼，裝飾素雅，為高級飲酒器，應為氏族首領所用。

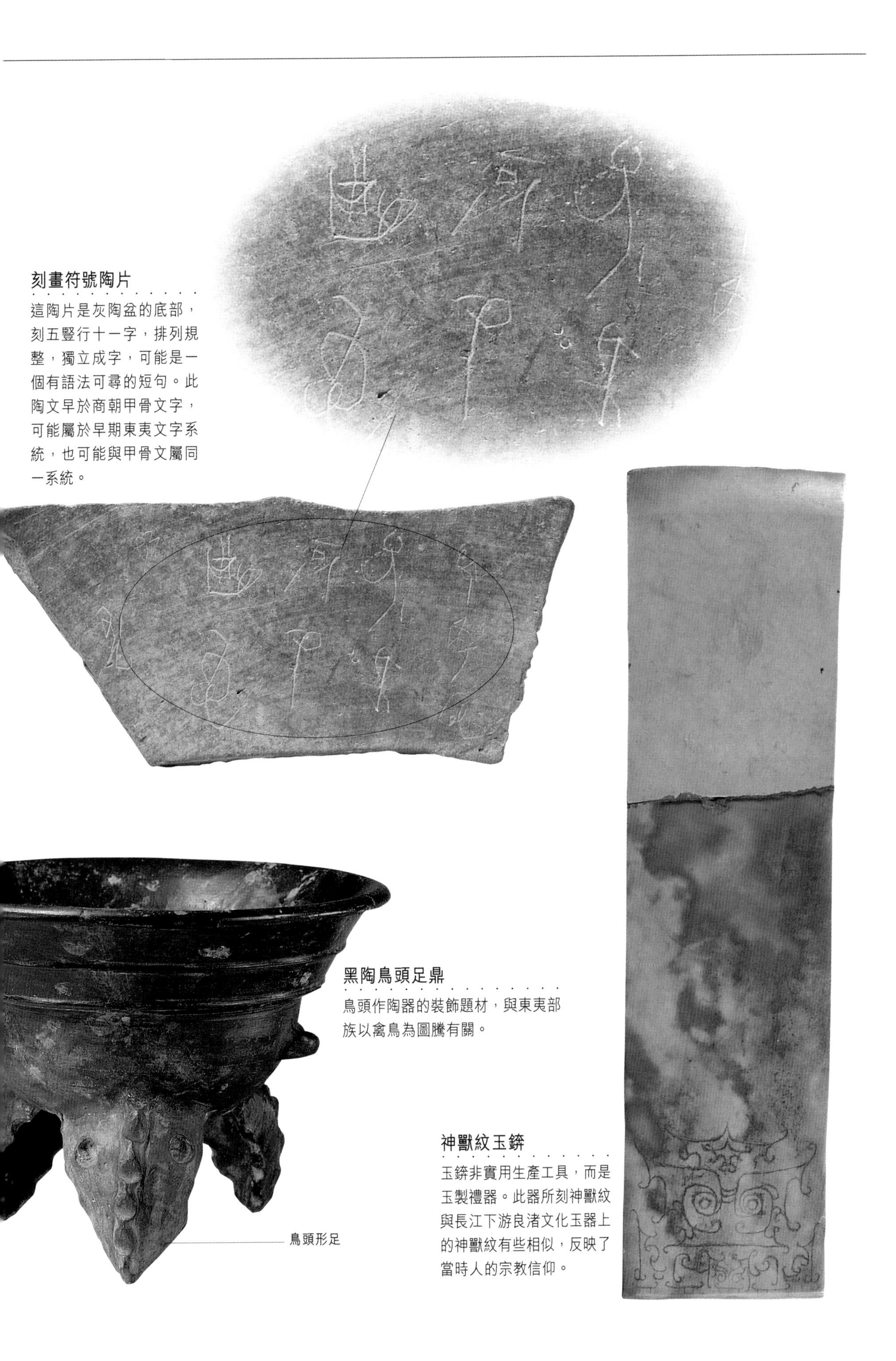

刻畫符號陶片

這陶片是灰陶盆的底部，刻五豎行十一字，排列規整，獨立成字，可能是一個有語法可尋的短句。此陶文早於商朝甲骨文字，可能屬於早期東夷文字系統，也可能與甲骨文屬同一系統。

黑陶鳥頭足鼎

鳥頭作陶器的裝飾題材，與東夷部族以禽鳥為圖騰有關。

神獸紋玉錛

玉錛非實用生產工具，而是玉製禮器。此器所刻神獸紋與長江下游良渚文化玉器上的神獸紋有些相似，反映了當時人的宗教信仰。

征伐與掠奪的古國時代

② 炎黃集團活躍的中原大地

按照傳說與記載，中原地區是勢力最強大的黃帝和炎帝活動的地方。炎黃集團在仰韶文化晚期相對衰弱，到龍山文化時代再次復興，最終在此建立了中國歷史上第一個王國 —— 夏王朝。中原龍山文化時代距今四千五百至四千年，文化範圍廣闊，核心地帶為伊洛河平原，圍繞着核心地帶，是向心式圈狀分佈格局，對中國文明的形成，產生巨大影響。中原龍山文化內部，因地域和文化傳統不同，可劃分成許多類型，但各地文化面貌具有統一性，這不僅表現在其內部，也體現在它與周邊文化的關係上，在各地地方性突出的同時，統一性日益增強。

文化面貌的統一性

中原龍山文化雖然分佈地域廣泛，但統一性相當明顯。例如製陶，在陶質、器形以及紋飾等方面，都有許多一致或相似的地方。泥質黑陶的數量不如灰陶多，而且越往西部數量越少，至陝西和山西境內還不乏有紅褐陶。素面器不如山東龍山文化發達，器表常飾以各類紋飾，其中以繩紋、籃紋和方格紋為基本紋飾。器形皆以平底器為主，其中各種罐類為最多見的器類。內蒙古中南部雖與北方文化有更密切的聯繫，但這裏的蛋形甕、素面夾砂罐、直筒形器等與晉北、陝北和冀西北所共有，仍可劃歸中原龍山文化系統。各地統一的文化面貌，體現了華夏集團在廣闊的中原地區，已經有較為穩固的基礎。

形制多樣的居室

中原龍山文化的房屋平面形狀有圓有方，形制多種多樣，有排房、雙間、單間之分。房屋建築技術較之於仰韶文化有明顯進步，建築材料常用夯土、土坯和白灰。流行"白灰面"建築。

不平衡的喪葬習俗

中原龍山文化一般缺乏公共墓地，隨葬品也相當少見。個別遺址如陶寺，正好與此相反，不僅發現有大型公共墓地，而且大墓中出土眾多精美的隨葬品。中原龍山文化這種喪葬習俗的極度不平衡，可能與其處於急劇變革的時代背景有關。

雙間房遺址

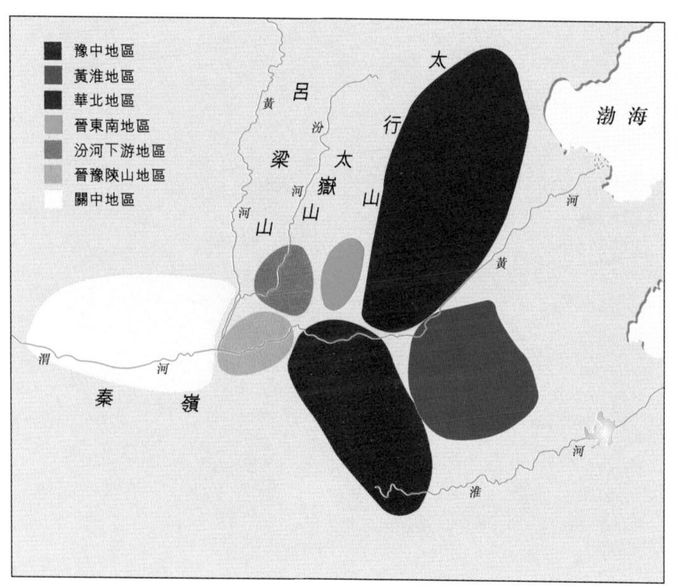

中原龍山文化分佈圖

中原龍山文化地域廣闊，可以劃分出若干支文化，每一支文化的內部因地域和文化傳統的不同，還可以進一步細分為若干類型。

彩繪陶壺

山西陶寺遺址出土的盛水器。

黑陶觚

飲酒器。商周時期青銅禮器系列中最重要的酒器——觚，即由此演化。此時陶觚已具有禮器的涵義，出土數量很多，證明有大量剩餘糧食用來釀酒。

灰陶三足甕

山西汾陽龍山文化遺址出土，是盛水或食品的容器。形體較大，高61厘米，需要較高的燒製技術才能製成。

短三足，可以隔潮、隔熱，
盛放熱食物，避免直接與地
面接觸，防止陶器驟裂

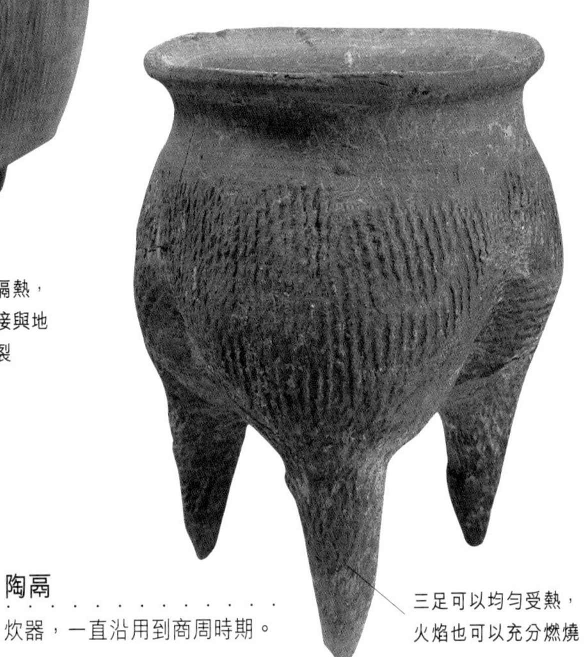

三足可以均勻受熱，
火焰也可以充分燃燒

陶鬲

炊器，一直沿用到商周時期。

尊卑有序的陶寺墓地

陶寺墓地是迄今惟一一處中原地區龍山文化時代大型墓地。墓地位於今山西襄汾縣陶寺遺址的東南，面積3萬平方米以上，分佈在一片自東向西緩慢傾斜的坡地上，至1982年已發掘七百餘座。這塊總數多達數千座，包括兩個或多個氏族葬區的規模巨大的部落公共墓地，距今四千至四千五百年，前後延續五百年。墓葬分為大中小三個等級，為了解龍山文化時代中原地區的禮制和文明起源，提供了珍貴的實證。

陶寺小型墓

墓地分北部與中部兩個墓區，北部是貴族墓葬區，有大型墓九座，墓主均為男性，出土的成組鼉鼓和特磬，不是一般樂器，而是王室或大貴族權威象徵的莊嚴禮器。中型墓墓主有男有女，分佈於大型墓的附近。男性死者可能為首領的親信重臣，分佈於大型墓兩側的女性死者，可能是大墓主的妻妾。這種一夫多妻的並穴埋葬，反映部落顯貴擁有多妻的特權。中型墓大多隨葬成組陶器及少量彩繪木器、玉器、石

器，隨葬品最多十數件。小型墓佔大多數，隨葬品一般不超過三件，以骨簪為主。小型墓墓室簡陋，隨葬品貧乏，墓主當是平民。

在同一公共墓地，墓葬之間存在巨大的等級差別，反映了氏族內部等級森嚴的社會狀況。每一級別有特定的隨葬品，不得混用，説明當時社會已存在“禮”制。這些現象表明陶寺先民已經告別平等的氏族社會，踏入文明社會的門檻。

骨簪

這是在中型墓的女性墓主人身旁隨葬的高貴裝飾品。骨製簪鑲嵌玉首，其上並鑲嵌綠松石，是陶寺出土的骨簪中最精美的。

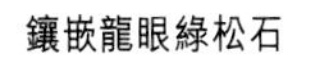
鑲嵌龍眼綠松石

彩繪陶壺

盛食器。陶寺墓地隨葬成組大汶口文化晚期形式的陶禮器。

北部墓地

中部墓地

村落

陶寺遺址鳥瞰

以陶寺遺址為中心、方圓數十千米範圍內，形成由中心、次中心及周圍一般聚落構成的網絡狀分層結構，似乎已形成具有政治、宗教統轄關係的聚落格局。

陶寺墓地遺址

③ 古國時代的村莊

中原龍山文化是一個戰爭四起、城堡林立的古國時代。實際上，城堡只是社會上層人物居住之處，千千萬萬的普通村寨才是龍山文化時代最具代表性的聚落形態。這裏居住着眾多的居民，構成當時的社會細胞。

房屋種類

龍山文化時期的普通聚落通常面積不大，只有數萬至十多萬平方米。房屋多為圓形，個別為長方形。半地穴式建築大幅度減少，流行地面建築。在室內地面塗一層潔白光滑的白灰面，是龍山文化房屋建築的一大特色。此外，個別遺址還有一些先進的土坯砌牆的房基，這種新穎的建築技術在此後數千年一直廣為使用。

建築方法

龍山文化房屋的建房過程通常是先鋪平地面，再墊一厚層黃土，或經過夯打然後築牆。築牆方法一是"木骨泥牆"法，即房基的周圍立以密集的小木柱為骨幹，然後從兩側抹草拌泥。另一種是"土坯砌牆"，即先在黃土層上塗一薄層草拌泥，再塗一層白灰面。把牆和屋頂做好後，再返回來做居住面。凡白灰面房基者，中間都有一個圓形灶面，房子周壁立一周小型柱洞。無白灰面只有硬土面者，一般都無固定的灶面，只有成片的燒紅的地面，室內立有東西對稱的兩個大柱子支撐屋頂。

古城寨城牆

保存完整的水井

龍山文化聚落雖小，但設施齊全，最突出的是水井普遍出現。在白營遺址即有一口保存完好的水井。井壁用井形的木棍自下而上一層層地壘起，木棍向下逐漸減短，木架的十字交叉處有榫，南北木棍的榫扣入東西木棍的榫內，疊壓的"井"字形木架共有四十六層。建造如此結構複雜的水井，標誌着龍山文化時期的打井技術已相當發達。

古城寨龍山城城門缺口

小家庭構成的村落

龍山文化鎣型聚落內的房屋不大，常見直徑3 ~ 5米的圓形房屋，面積小，結構簡單，但擁有完整的生火做飯和睡覺的空間。此類房屋與仰韶文化那種分間式或大

新密古城寨房基

房基用土坯砌築，是一種非常先進的發明，這種建築技術一直沿用數千年之久。

房屋遺址中的牆

築牆的方法是“木骨泥牆”法，即房基的周圍立以密集的小木柱作為骨幹，然後從兩側抹草拌泥。

型的房屋明顯不同，適合人數不多的一夫一妻制小家庭居住。此類房屋附近有罐葬的小孩，是當時個體家庭的幼兒。把他們葬於房屋附近，而不是統一葬入公共墓地，也是個體家庭勢力抬頭的表現。整個聚落當是由一個小家庭組成的村落。從早期遺址村落內只有一口水井看，這口井應是整個村落共用的。這説明村落內部還保留着公共設施。村落作為高於家庭之上的組織，尚有組織村落集體活動的功能。

白營遺址的房基

河南湯陰縣白營遺址位於白營村東的一個高出周圍地表約3米的台地上，面積約3萬餘平方米，屬小型聚落。聚落內保存着較完整的龍山文化晚期的房基四十六座。房基的佈局基本上東西成排，南北成行，房門大多朝南開。灰坑與房基之間有一定的間隔。這些房屋只是當時村落的一部分。

④ 古國時代城堡林立

距今四千至五千年前的中原大地，在夏王朝建立以前經歷長達數百年之久的古國時代，城池林立。華夏大地上戰爭頻繁，湧現出的眾多城堡，有大小不同的級別，有的甚至成組分佈構成城址羣。它們無論是建築技術、城址規模和佈局，已經遠遠超過了母系氏族時代。多數古城不僅是一個帶城牆的村寨，而是一個政治、經濟、軍事和宗教的中心，即最初的王都。以王都為中心的酋邦王國為維護自身的利益，對外頻頻發動以掠奪為主要目的的戰爭，對內不惜動用大量的人力、物力營建城邑。

築城技術的發展

母系氏族社會築城只有一種夯築法。到父系社會的龍山文化時期，除了夯築技術外，還出現石塊壘築和先夯築再以石塊包嵌加固的築城技術。仰韶文化的古城多坐落在臨河的崗地上，龍山文化的城堡則多修築在平原或丘崗台地上，大多不臨河。主要分成石城和夯築土城兩大類。城堡的平面形狀為方形或近方形，有的古城更是東西並列，中間共用一牆的複合城址，成為後來宮城和外廓城的雛形。

城堡職能的變化

龍山文化時代的城堡規模不一，城內的設施及佈局不同，尤其在相鄰的城址之間產生這些差異，當與城堡的等級差別有關，反映出龍山文化時代的城堡有高低主次之分。那些面積大、功能全、城內設施規格高的城址集政治中心、經濟中心和宗教中心於一體，當是某一古國的王都，而那些規模

平糧台古城北門發掘現場

平糧台城址是龍山文化時代城內佈局和城址設施發掘得最清楚的一個。它呈正方形，面積5萬平方米。全城規劃整齊，坐北朝南，這座城不是一個單純的軍事城堡，而很可能是政治、經濟中心。

較小、城內設施簡單的城址，其主要任務是防禦。長江、黃河流域如雨後春筍般湧現的一大批城址，無異於築起的一道道分水嶺，將野蠻社會與文明社會截然分開。從此，幅員遼闊的兩大河流域帶動周邊地區大踏步地奔向文明時代。這時期的城堡在佈局上已具有相當嚴密的規劃。城內劃分出顯示政治權利的宮殿區，地勢較高，多有成排的房基或夯土台基，甚至有宮殿遺址；還有一些奠基或祭祀的遺存。在城堡中還有手工業區和墓葬區等。城堡中地下排水設施相當完善。

龍山文化古城一覽表

羣	組	城址	位置	合計
第一羣	1	涼城老虎山、西白玉板城、大廟坡、準格爾寨子塔	涼城岱海岸邊	18座
	2	包頭威俊(3座)、阿善(2座)、西園、莎木佳(2座)、黑麻板	大青山南麓	
	3	準格爾旗的寨子上(2座)、清水河縣馬路塔、後城嘴	黃河向南拐彎處	
第二羣	1	山西襄汾陶寺	陶寺文化中心區	7座
	2	河南輝縣孟莊、安陽後崗	豫東北	
	3	河南淮陽平糧台、郾城郝家台	豫東南	
	4	河南登封王城崗、新密古城寨	嵩山南麓	
第三羣	1	陽谷景陽崗、陽谷皇姑家、陽谷王家莊、五蓮丹土、東阿王集	黃河下游	14座
	2	壽光邊線王、淄博田旺		
	3	茌平教場鋪、茌平太尉、茌平尚莊、茌平樂平鋪		
	4	滕州尤樓		
第四羣	1	新津寶墩、都江堰芒城、溫江魚鳧、郫縣梓路、崇州雙河	長江上游	5座

平糧台古城中的夯土台基

平糧台城址內有十多座房基，多為長方形排房，有的是平地起建，有的是高台建築，經過夯打，且普遍使用土坯作建築材料。這是當時一種較高規格的建築物，很可能供城內顯要人物居住。

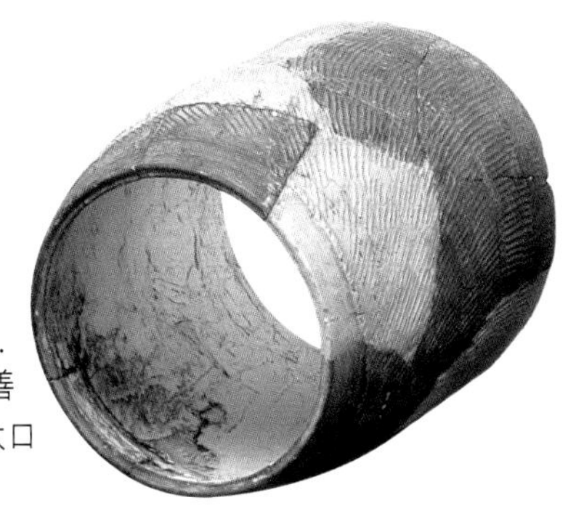

陶排水管道

平糧台城址中出土的排水管道，證明古城中設計有完善的排水系統。陶管道一頭口大，一頭口小，小口套在大口中，連接成管道。

征伐與掠奪的古國時代

⑤ 中原的勁敵——三苗古國

中原龍山文化時期，南方的江漢地區崛起一支困擾其達數百年的勁敵——石家河文化。石家河文化曾盛極一時，創造了輝煌的成就。在其內部，建有規模達**100**多萬平方米的石家河城，形成以石家河城為中心的層次分明的聚落體系。對外則與中原形成南北對峙的局面。據文獻記載，石家河居民很可能是傳説中被舜和禹多次討伐的三苗民族。

功能完備的城市

該城城垣邊長1100～1200米，城外建有數十米寬的環壕。居住區位於城中心，由分間房屋組成，牆壁用土坯砌成或夯打。牆體中部有的厚近1米，並有大型柱洞，應是貴族的居住區。

墓葬區位於西北部，有宗教性建築，當是宗教活動中心。這裏有幾座用紅燒土、陶片和黏土混合築成的圓形或方形台基。台基周圍用籃紋缸鑲邊。這些缸彼此相套，有的刻畫有代表農具、武器和宗教祭器的鐮刀、石鉞和陶杯符號。陶杯的樣式和遺址中發現的粗紅陶杯別無二致。台基間土坑內出土有大量人物、動物陶塑。

生產區位於西南部，有較大的房屋建築遺迹和數十萬件紅陶杯。這種杯子容量極小，質地粗糙，似非實用品，而是舉行某種祭祀的特殊用品。這麼大量的紅陶杯堆積，應是一處專業化生產的場所。

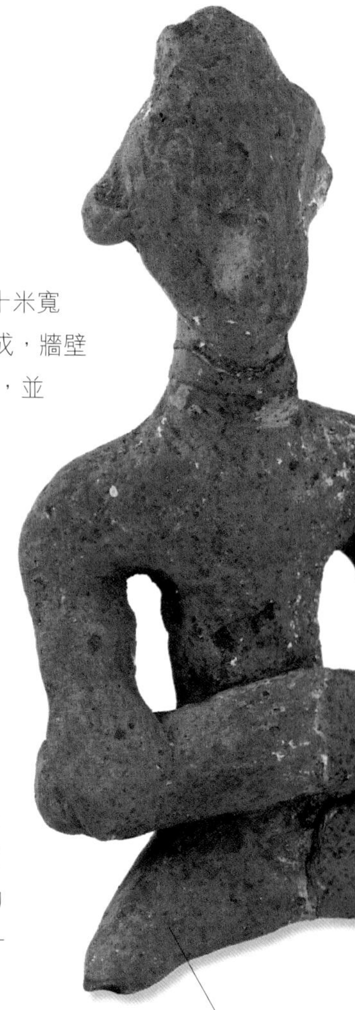

玉人頭像

這件神靈頭像，可能是人們尊奉的神祇形象。

長江中游的古國

石家河的古城工程巨大，自然要有強而有力的組織和指揮中心，在一個規模十分有限的氏族——部落社會是難以完成的，勞動力和物資要靠更多的地方共同提供。目前在長江中游已發現屈家嶺——石家河的城址共有六座，都分佈在江漢平原和洞庭湖平原地區。這些城址的規模根本無法與石家河城相比，它們應是受控於石家河城的。大城控制小城，小城又控制若干聚落地區。石家河城所控制的區域不再只是一個原始的氏族——部落社會，當是長江中游的古國。

石家河遺址發掘現場

石家河遺址羣是新石器時代晚期長江中游最具代表性的遺址羣，面積達8平方公里，有遺址四十餘處。

陶人

城址內出土至少五千個陶塑動物和約二百個人像。人像都戴平頂或微弧頂淺沿帽，身着長袍，雙膝跪地，手捧大魚，而且總是右手壓頭，左手托尾，好像在舉行某種宗教儀式。

石家河文化分佈圖

分佈在江漢平原和洞庭湖平原密集的小城，都是以石家河古城為中心的衛星城，形成長江中游勢力強大的古國，可能是三苗民族的勢力範圍。

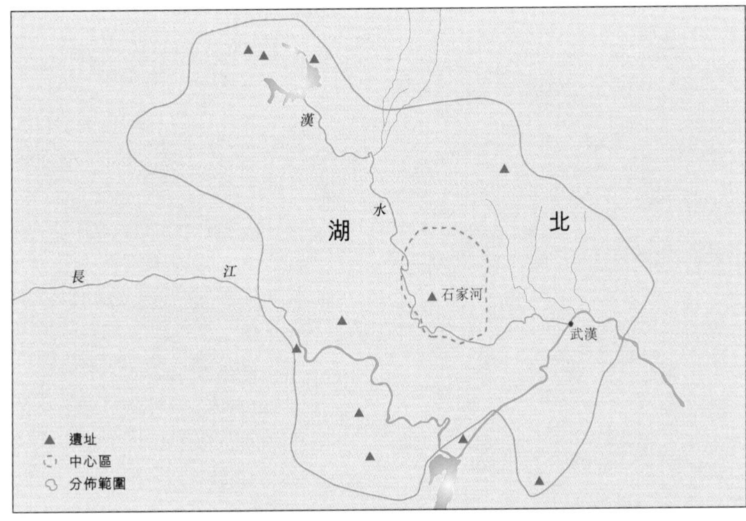

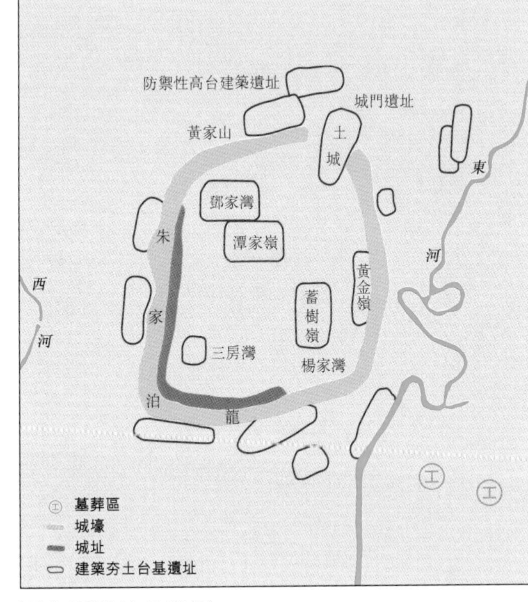

石家河遺址示意圖

石家河遺址是規模宏大的古城遺址，面積達100萬平方米，是中國當時最大的古城。城垣之外的遺址成組分佈，對大城呈拱衛之勢。城內文化遺物堆積豐厚、連續，説明這裏曾經是一個發達的文明古國。

走進文明時代

①青銅文明的先行者

在甘肅和青海地區，距今三千九百至四千零五十五年，出現了一支新的文明 —— 齊家文化。齊家文化有發達的農業和飼養業，氏族制度已經瓦解，社會進入了父權制時代。它以發現較多的青銅器為特色，説明該地區已經由銅石並用時代向青銅時代過渡，成為中國青銅文化的先行者。齊家文化多處遺址出土有數十件紅銅器和青銅器，多為小型工具，製作主要採用冷鍛法，也有單範和簡單的合範鑄造。冶銅業的出現是齊家文化的一項突出成就。

銅器的發明

冶銅術的發明，導致冶銅手工業出現。銅器的出現開啟了後世金屬製造業的先河，對後來社會的進步具有舉足輕重的作用。銅器雖然較木器、石器、陶器的出現要晚，但它是科學技術發展到一定階段的產物，是具有深遠影響的一項重大發明。在中國，距今五千五百年前後，開始出現銅器，進入了銅石並用時代。到龍山文化時期，銅器製造業進一步發展，成為中國古代文明另一項重要標誌。

銅器的優點

人類早期主要是依靠自然銅加工成器，世界上許多地區都有漫長的使用自然銅的階段。不含其他物質的自然銅，稱為紅銅，也稱純銅。紅銅具有金屬光澤和延展性，因而受到重視和利用，但它質地較軟，只適宜作小型工具或裝飾品，要作大型器很困難。後來通過鍛打和冶煉紅銅，逐步認識和掌握了金屬的特點與性能，為青銅的發明提供了經驗。所謂青銅，就是紅銅和錫或鉛的合金，呈青灰色，故名。它與紅銅相比，有熔點低、硬度大等優點，適宜製造生產工具、生活用具和武器等。早期銅器多為紅銅，但因中國多有銅、鉛、鋅的共生礦，因此，鉛青銅、鋅黃銅出現較早。青銅與紅銅出現在不同地區，是由純銅礦與共生礦造成的，冶鑄技術發展到較高水平時，人才掌握冶製合金銅技術。

紅銅與青銅的分別

	性質	硬度	用途
紅銅	自然銅	低	適宜作小型工具
青銅	合成銅	高	可製造大型的生活用具和武器等

中國發現新石器時代銅器的地點

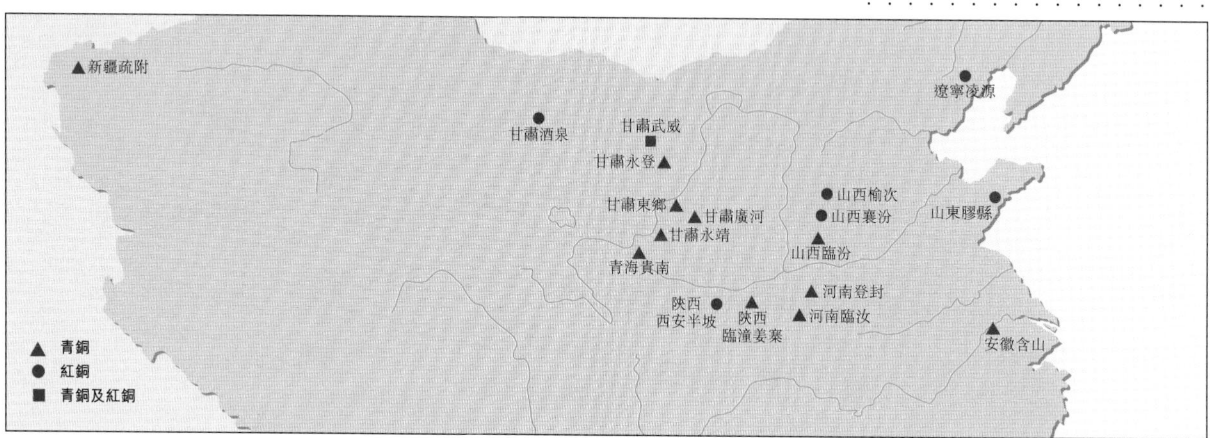

銅器的應用

考古發現最早的銅器，可以追溯到仰韶文化時期。龍山文化時代冶銅技術主要在黃河流域傳播，為青銅時代的到來打下堅實的基礎。齊家文化的金屬冶鑄技術在各地得到了普遍地推廣，甘肅武威皇娘娘台遺址發現了二十五件紅銅器，永靖大河莊遺址、秦魏家遺址、廣河齊家坪遺址都出土了一定數量的銅器，青海貴南尕馬台墓葬中，出土銅鏡、銅指環、銅泡等器。

七角星紋鏡

這是中國最早的銅鏡，邊緣有兩孔，可以繫繩，供懸掛之用。鏡背面飾弦紋，構成七角星圖案。

青銅刀

這銅刀是在中國境內發現年代最早的青銅器，表明中國西部的黃河上游是青銅文化的發源地，遠在馬家窰時期，人們已開始創造並使用少量銅器。銅的使用是人類技術史上一次偉大的飛躍。

人頭形柄銅匕

這是中國最早的青銅人像雕刻，風格質樸，構思新穎。

走進文明時代

② 神奇的文字

文字是記錄語言的工具，它的產生是文明社會的一個重要標誌。文字決不像傳說中倉頡造字那樣，由某個人在短時間內創造出來，而是一個複雜而漫長的過程。在真正的文字產生之前，人們在相當長的時間內採用結繩記事或借助刻畫符號的方法保存和傳遞信息，從賈湖遺址的龜甲刻符、仰韶文化半坡遺址的刻畫符號，已經與文字有關，大汶口文化陶尊上的符號是圖畫文字，到了龍山文化時代，真正的文字產生。

文字的萌芽

商朝晚期的成熟文字 —— 甲骨文，絕非初創的漢字，此前經過了一段漫長的萌芽和發展期。中國新石器時代中期陶器上的簡單記事符號是最早的文字，為漢字的原始形態。它們一般筆畫簡單，風格相同，每器只有一個，或刻畫，或筆繪。這些刻畫符號雖然不能與文字直接畫等號，但中國的文字就是在此基礎上發展起來的。目前，中國發現的最早的刻畫符號是裴李崗文化賈湖遺址刻於甲骨、石、陶器上的契刻符號，其中幾個龜甲刻符和殷墟甲骨文字非常相似，被認為具有原始文字性質。這說明至遲在八千年前，漢字就已經開始萌芽了。另外，在仰韶文化、馬家窰文化的許多遺址中都發現有刻畫符號，它們都可視作漢字的萌芽。

倉頡

倉頡相傳是黃帝時期的史官，漢字的創立者，因此被後人尊稱為"史皇"。

文字的出現

到距今四千多年前的山東大汶口文化晚期，刻寫或書寫在陶尊上的單體符號字，已被認定為中國最早的圖畫文字。漢字的基本特徵之一是一字一音，句子是由一個個單字組合而成的。大汶口的圖畫已經形成一個圖形體系，同一圖形出現在不同遺址、不同時間，說明它已經能夠記錄較複雜的事情，在相當大的範圍內被不同的人羣認定為某種固定的含意，這已經與後來單個的漢字相當，可見其表達能力遠在結繩、刻符之上，應該是一種接近早期文字的圖畫文字。如果拿這些圖畫文字與後來的甲骨文和金文相比，無論形狀還是造字方法都有相似之處，尤其是一些族徽與大汶口文化的圖畫文字更為契合，因此，這些圖畫文字應是古漢字的前身。近年來，山東鄒平丁公遺址發現了龍山文化時代的多字刻符，說明龍山文化時代已經產生真正的文字。江蘇高郵龍虬莊遺址也發現了多字陶文，其年代比丁公陶文略晚，約為龍山文化末到夏朝初。此外，在良渚文化也發現了多字陶文。

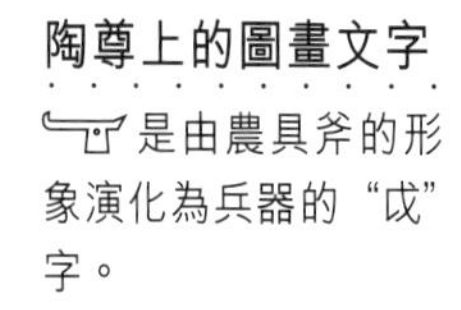

陶尊上的圖畫文字

(符號)是由農具斧的形象演化為兵器的"戉"字。

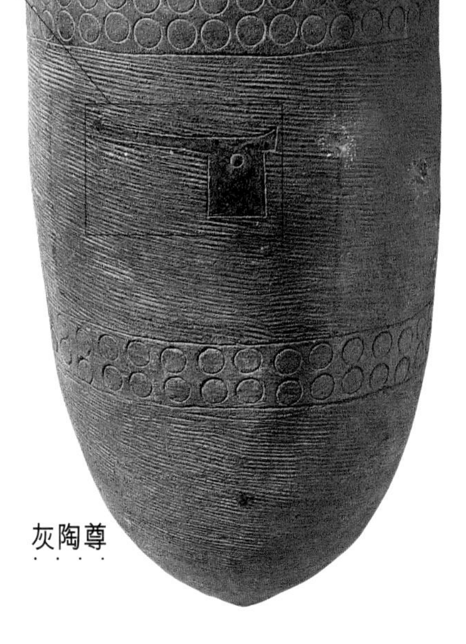

灰陶尊

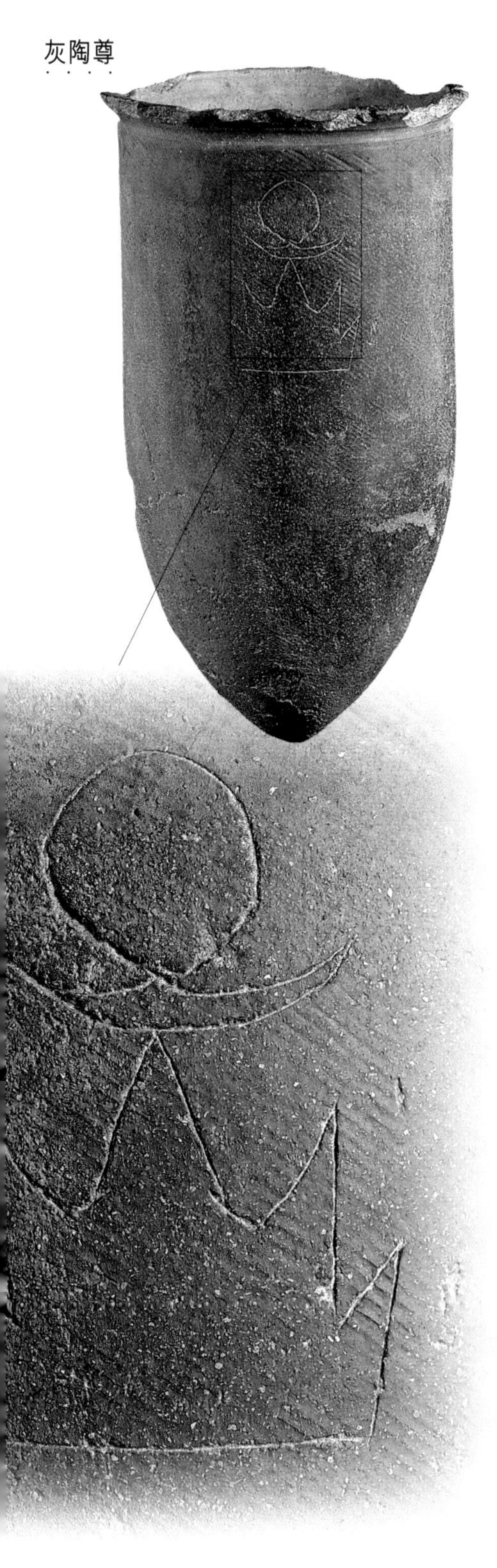

陶尊上的圖畫文字 ——“旦”

尊上刻有“日雲火”組成的圖像文字，有人釋為“旦”字，其年代遠早於商朝的甲骨文。

陶尊上的圖畫文字

這個黑陶尊頸部的圖像，塗上朱彩，據考證很可能是酒神的形象。

走進文明時代

③ 改善生活質量的紡織技術

在紡織技術出現之前，人們是利用加工的樹皮、樹葉或獸皮製衣遮體。布帛的出現改變了人們夏着樹葉冬穿獸皮的原始生活。中國早在舊石器時代就發明了紡織技術，新石器時代已經有了比較發達的紡織業，是世界上最早掌握養蠶和紡織技術的國家。

紡織技術的起源

紡織技術的出現與編織技術的發展有密切的聯繫。舊石器時代人們已能用皮條或植物纖維編織繩索和網，用來捕獵或捕魚。到仰韶文化時期，人們還能用竹子等植物纖維編織葦子，這些成為紡織技術出現的先聲。編織技術帶給紡織技術許多啟示，使紡織技術與農業同步發展起來。

紡織原料的演變

新石器時代紡織技術剛剛成形，但已有植物性和動物性兩種紡織纖維，前者主要包括葛、大麻等，後者主要指蠶絲。這些纖維在中國許多地方都有出產，而且性能良好。這些原料主要是採集而來的，後來才逐漸由人工栽培為主，採集為輔。但不論是哪種纖維，在織造前均需經過提取、繅取、績接、紡紗等一系列工序。

玉蠶

此蠶身上缺少蠶體的蠕動弧線，應是柞蠶。養殖柞蠶在草原東部的農牧業交錯地區很流行。

骨針編織法

這是最原始的手工編織布的方法，經線垂吊在一個木橫杆上，用骨針帶動緯線在經線中上下穿梭，經緯線交替，編織出布帛。

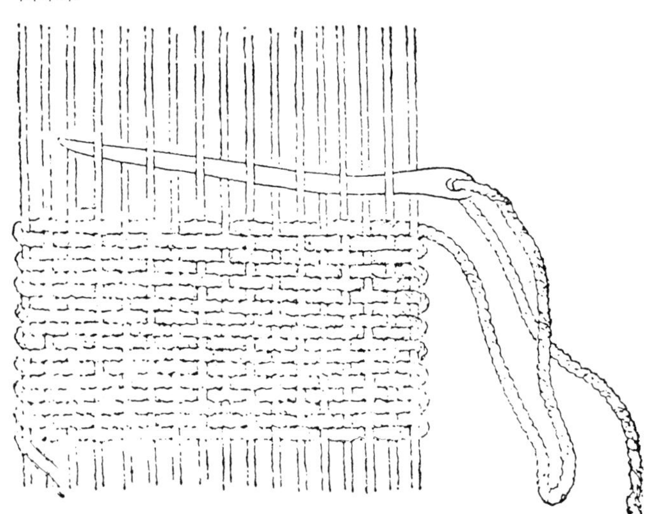

陶罐底部編織印迹

這是用竹或藤條編織竹蓆子留下的痕迹。這種用經線與緯線交替的編織技術，孕育出紡織技術。

紡紗技術的革命

最早的紡紗完全是手作業，用雙手把需要加工的纖維搓合在一起。後來為提高勞動效率而發明紡墜，操作方法有吊錠法和轉錠法兩種，易於掌握。它的結構和操作方法雖然簡單，但卻具備現代紗錠的基本功能，既可加捻麻、絲、毛等多種原料，也可紡出各種粗細不一的紗。紡墜出現後不久，人們又發明了紡輪，主要為陶製，也有少量石製、木製或骨製，其形狀不一，但中心都有孔洞，用來安裝提桿。紡輪不僅在當時普遍使用，至今中國一些偏遠地區的農村仍在使用。

原始織機出現

最初的織造僅是手工編織，工藝源自竹器的編織，主要有平鋪式和吊掛式兩種，速度慢，產品也較粗疏。到新石器時代中晚期，出現不同類型的原始織機，主要有原始腰機、綜版式織機、豎機等，結構普遍比較簡單，但已經使用了綜桿、分經棍和打緯刀，從而較好地完成開口、引緯、打緯三項主要操作。原始織機具有機械裝置的特點，技術提高了織物的產量和質量，促進紡織業水平的提高。人類有了織機，才算真正有了紡織技術，正式步入利用紡織品的時代，男耕女織的社會分工初步出現。

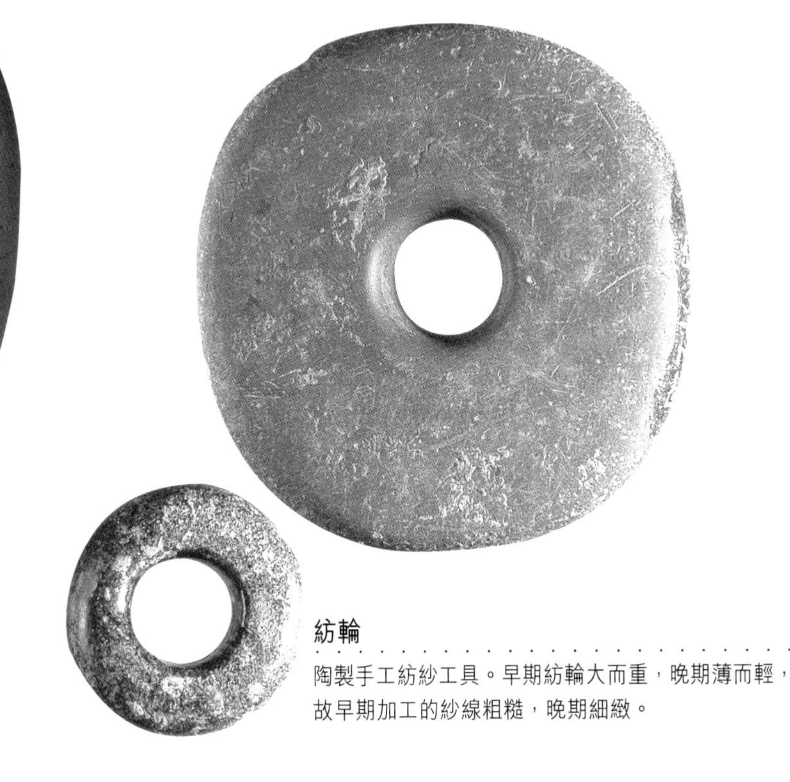

紡輪

陶製手工紡紗工具。早期紡輪大而重，晚期薄而輕，故早期加工的紗線粗糙，晚期細緻。

歷史小證據

中國最早的絲織品

中國有"絲綢之國"的美譽，但最早在甚麼時候中國便有絲綢呢？已有實物證明，早在距今四千七百年前中國已有絲織品了。在長江流域良渚文化遺址中，發現迄今最早的家蠶絲織品殘片，呈黃褐色，為平紋組織，表面細緻、平整、光潔。交織的經線和緯線平均寬度為167微米，每支經線、緯線都是由二十多根蠶絲併合成一根生絲。每支蠶絲呈半透明狀態，寬度為15.6微米。經線和緯線未經過捻合工序，蠶絲是借助自身帶有的絲膠黏着性能併合而成。經線密度為每吋134支，緯線密度為每吋122支。這件殘片在中國絲綢史上佔有重要地位。

良渚文化絲織品殘片

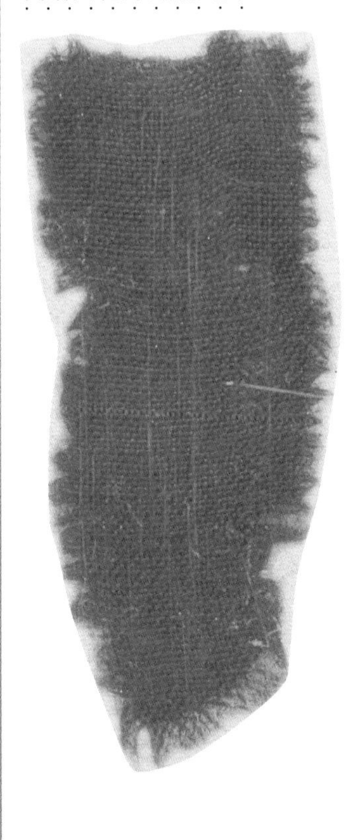

走進文明時代

④ 原始先民的骨器製造業

原始社會的先民在大量使用石器的同時，還大量使用骨器。由於骨器的原料來源廣泛，比較容易加工，所以骨製品的發明和利用，在舊石器時代已經產生。到新石器時代，隨着生產工具不斷進步，骨器製作技術更加成熟，並達到相當高的藝術水平。骨製品已成為人們生產勞動和日常生活中普遍使用的器物。

骨製品的種類

當時骨製品的數量很多，品種也很豐富，有武器和工具。漁獵工具有鏃、鏢、矛、針、錐等，以尖利部位發揮戳、刺等功能；生產工具和農具有鑿、耜、刀、削、匕等，以其刃部發揮切割、刮削等功能，還有骨笛、骨筒、骨雕版、骨簪等樂器、禮器和裝飾品。最具特色的是由細石器和骨器組成的複合工具 —— 石刃骨刀，它以利石為刃，以骨為刀柄和刀身，同時利用石料和骨料的優點，改善工具性能。後世的青銅複合劍，以及夾刃鋼刀、包刃鋼刀等兵器，都是由此演變而來的。

骨製品製作工藝

新石器時代的骨器加工工具主要有鋸、刀、鑽、鑿、磨石等，加工工序包括選料、破料、成形和磨光，有的器物還要穿孔和修飾。選料時，人們就地取材，根據所製器具外型和軟硬度的需要，選用不同動物骨骼的合適部位。破料是把骨料切割成需要的形狀做坯料，器物的基本形狀大體已備，再經刮削、切割、打修等工序，器物就成形了。然後用礪石、粉砂岩磨礪，並用獸皮等含油脂的物體進行拋光。有的骨器，如骨針等在製作時還要穿孔，當時的穿孔方法主要有挖孔法、先挖後鑽法、鑿孔法和鑽孔法四種，並且多為兩面對鑽，只有少數器物為一面鑽，這與石器和玉器的鑽孔方法基本一致。另有一些骨器，成形後還要進行修飾，或為使工具更鋒利，或是為增加美觀。

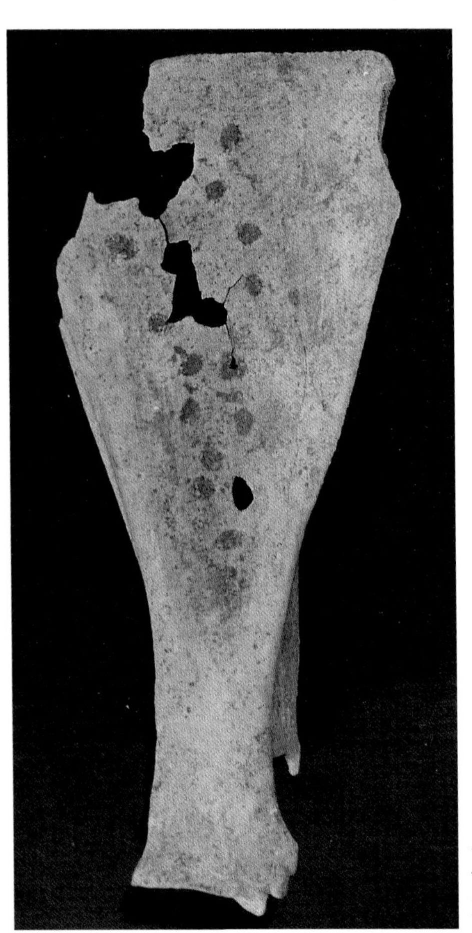

卜骨

用動物肩胛骨占卜是龍山文化新出現的習俗，可能是出於溝通神與人之間的巫師，商朝的巫術亦在此基礎上發展而來。

骨柄石刃劍

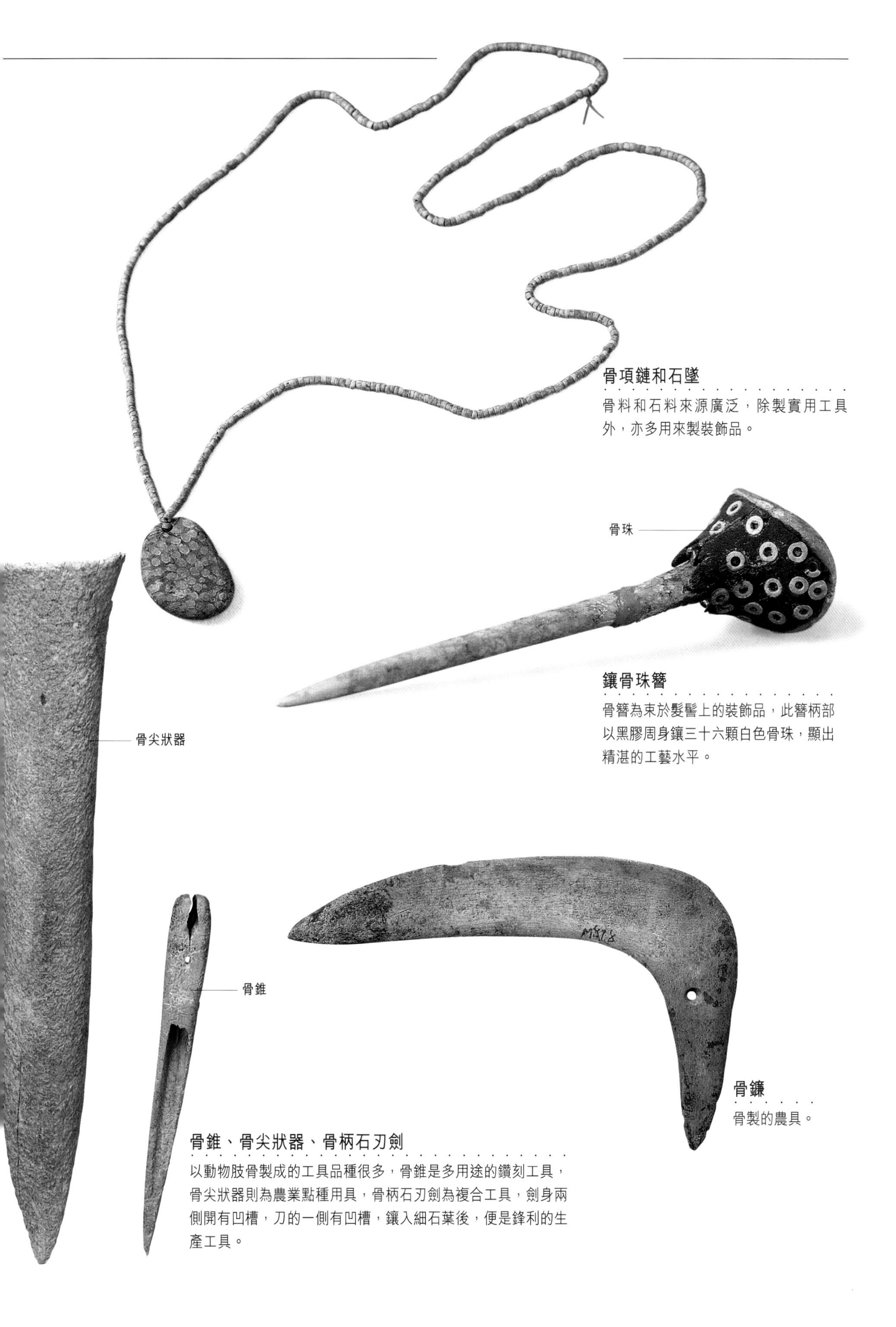

骨項鏈和石墜

骨料和石料來源廣泛，除製實用工具外，亦多用來製裝飾品。

鑲骨珠簪

骨簪為束於髮髻上的裝飾品，此簪柄部以黑膠周身鑲三十六顆白色骨珠，顯出精湛的工藝水平。

骨鐮

骨製的農具。

骨錐、骨尖狀器、骨柄石刃劍

以動物肢骨製成的工具品種很多，骨錐是多用途的鑽刻工具，骨尖狀器則為農業點種用具，骨柄石刃劍為複合工具，劍身兩側開有凹槽，刀的一側有凹槽，鑲入細石葉後，便是鋒利的生產工具。

走進文明時代

⑤ 糧食加工與儲存

農業生產的發展，令穀物的加工和儲藏成為重要環節，糧食的加工和儲存方法有很大改進。不少村落都建有大量窖穴，且建造技術先進，有通風防潮功能。糧食的盛產和剩餘，促使原始居民將餘糧進行更高層次的加工，發明了釀酒。

糧食的儲存

新石器時代晚期，原始農業已相當發達，與農業生產直接相關的地下儲糧也發生了急劇的變化，每個村落都發現大量的窖穴，有的村落多者達到數百個。窖穴最初是聚集排列的，多是方形，後來窖穴不再集中一起，而是分散在主室附近或主室內，以方便保管。窖穴的形式簡單，有口小底大的袋狀窖穴和口大底小的窖穴兩種，以袋狀窖穴佔絕對優勢。窖穴經過加工修整，口、底、壁都很規整。圓形坑比方形坑堅固，而且盛放的食物多，故多為圓形坑。除了地下窖穴儲糧外，地上的倉廩也出現了。用這種方法儲存糧食，便於通風防潮，可以更長時間地保存糧食，是儲糧方式的一大進步。

窖穴圖

原始社會晚期，窖穴越來越大，甚至出現專門儲糧的房屋。

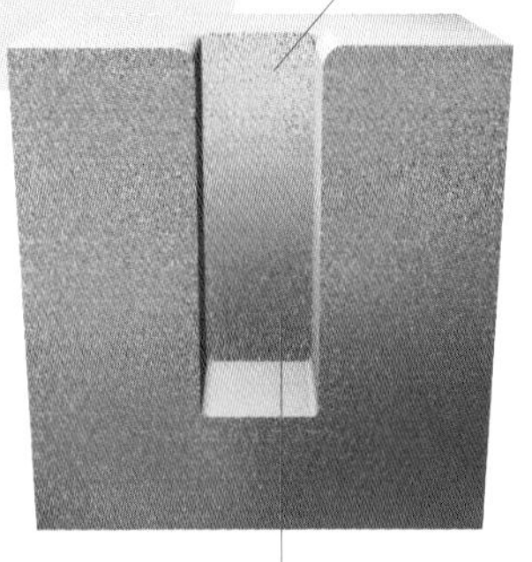

彩陶缽與器座

器座墊高，儲藏糧食時具有防潮功能。

彩陶缸

放置糧食的大型陶缸，有外凸的鋬。腹部畫了四個抽象的圖形。

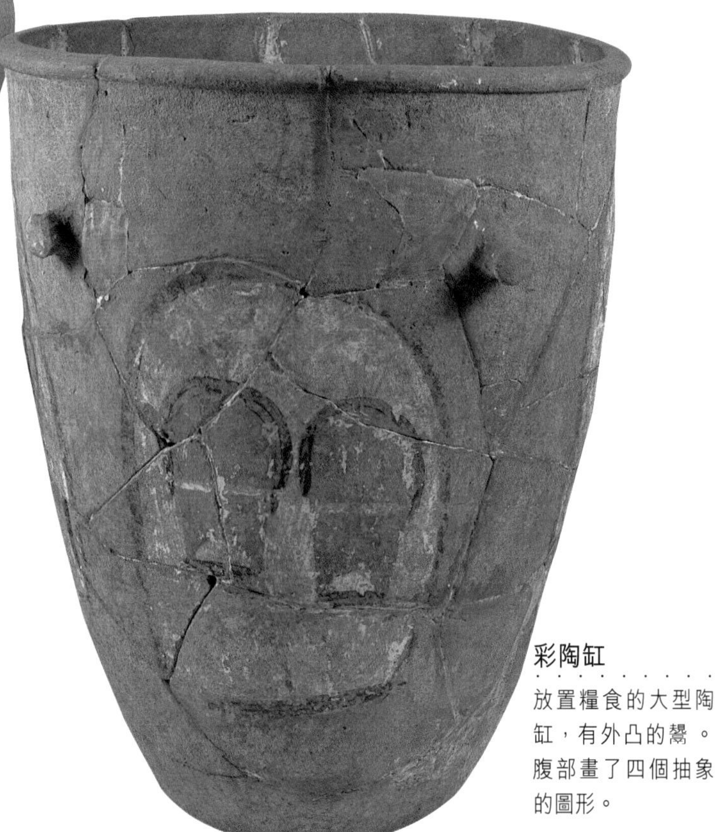

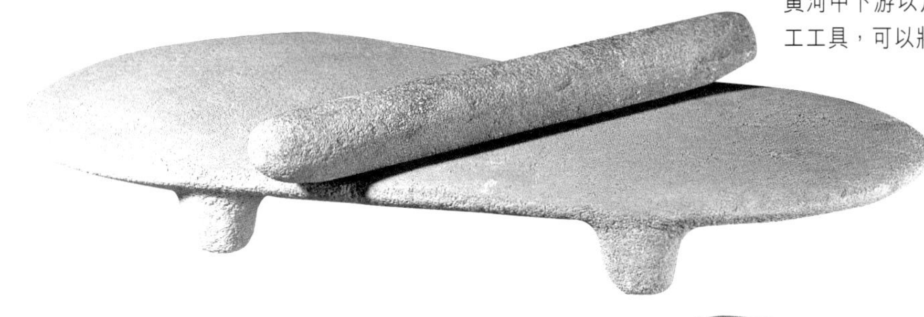

石磨盤與磨棒

黃河中下游以及北方地區使用的糧食加工工具，可以將糧食脫殼和碎粒。

糧食的加工

人類對食物的加工，可以上溯到採集果實時期，採集來的野生植物堅果，食用之前需要用石器脫殼。農業發展起來後，糧食的加工更加細緻。當時加工方法主要有兩種：一是使用石磨盤碾磨、去殼和碎粒；二是用杵臼結合來舂搗。後來，石磨盤又發展為雙扇磨，用人力或獸力推拉牽引，用來磨碎食品。杵臼主要用來脫殼和搗碎糧食，而碾磨主要用來製作麵粉，從而有了一定的分工。杵臼結合的舂搗法是當時較先進的糧食加工方法，效率高，更省力，且杵臼比石磨製作簡單。到新石器時代中晚期，舂搗法已逐漸取代碾磨法，成為糧食加工的方法，並為後人廣泛應用。

舂搗糧食

放置糧食

石杵臼

可與石磨盤配套使用，也可單獨使用的糧食加工工具，將糧食脫殼和碎粒。

釀酒技術的發明

糧食除了可以食用外，經過更高層次的加工，還可以用來釀酒。但釀酒必須有較多的剩餘糧食和一定的技術條件。隨着農業生產水平的提高，最遲在距今五千年前，人類就已經掌握了釀酒技術，出現陶製酒器。至新石器時代晚期，更出現青銅飲酒器。

龜形陶壺

走進文明時代

⑥ 興旺的家畜飼養

新石器時代晚期，中國畜養業已初步形成，並為後世奠定了基礎。後人所謂的馬、牛、羊、豬、雞、犬等“六畜”，當時在黃河流域和長江流域已普遍飼養，有的牲畜還培育出較穩定的優良品種，十分接近後世的品種。受環境條件影響，北方主要飼養豬、羊、狗，而南方主要飼養豬、狗和水牛。主要有三種飼養方式：野放、放牧和舍飼。飼養方式與畜養技術關係密切，兩者同步發展。

早期的家畜飼養方式 —— 野放

“野放”是家畜飼養的第一種形態。當時的飼養技術原始，只把牲口放養於野外，任其自由覓食與活動，沒有專人看管，也沒有圈養牲畜的欄圈。到需要用時才去捕捉或射獵，與捕獵差別不大。這種飼養方式只適合牛、羊、豬、馬及鹿等相對溫馴且自身覓食能力較強的動物。與野放並行的是野交，即自然雜交。當時人還不懂得用人工繁殖來培育優良種羣。野牧這種簡單的飼養模式，造成牲畜餵養不善，品種雜劣，生長緩慢且死亡率極高。

家畜飼養技術的發展 —— 放牧

畜羣從無人看管的野放發展到有專人看管的“放牧”，是原始畜牧業發展的一大進步。人們把野放的牲畜聚集在一起，派專門的人看管和飼養，改良飼養食料，加強對畜羣的控制和保護，並開始採用人工交配繁殖，獲取優良種羣。這些新技術，提高了牲畜品種和品質。放牧主要有兩種方式：一種是遊牧，另一種是定居放牧。遊牧在畜羣發展到一定程度，以畜牧業為主的經濟形態，定居放牧是以農業為主，牧業為輔，農牧業相結合的經濟形態。兩種方式都是家畜飼養業發展的結果。

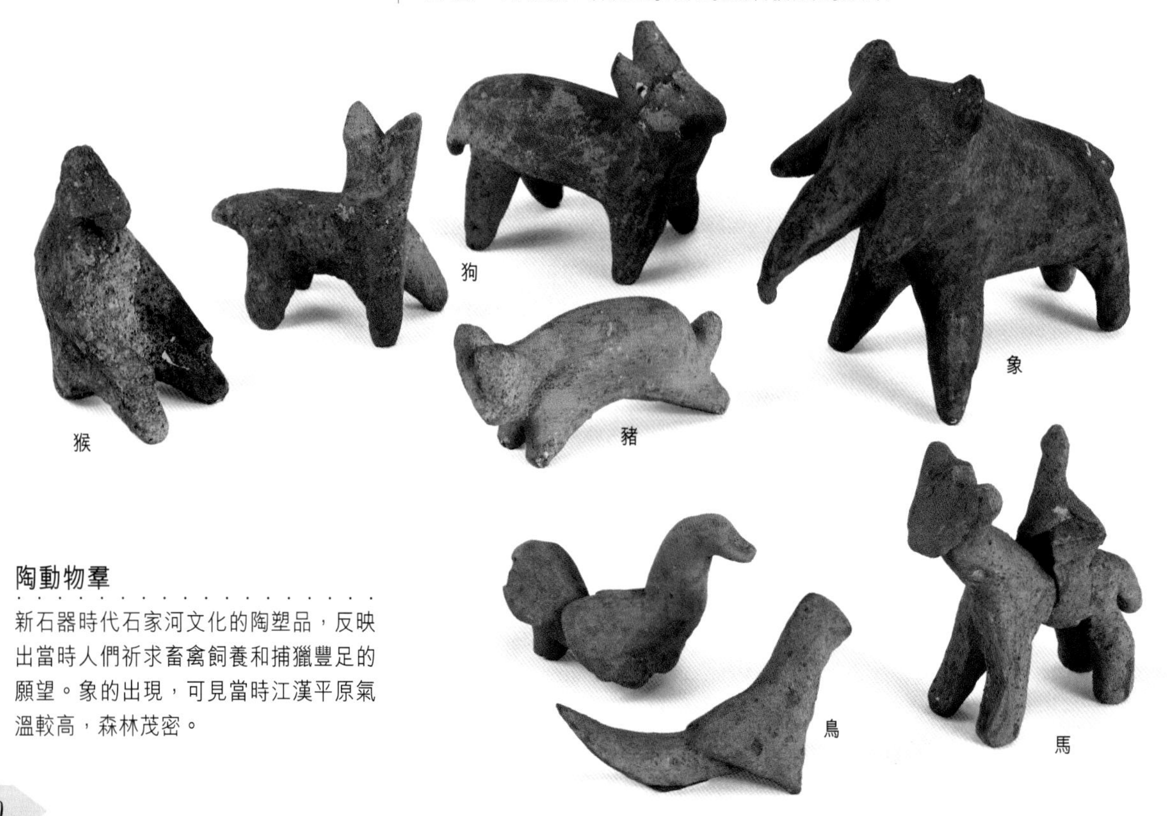

陶動物羣

新石器時代石家河文化的陶塑品，反映出當時人們祈求畜禽飼養和捕獵豐足的願望。象的出現，可見當時江漢平原氣溫較高，森林茂密。

家畜飼養技術的成熟 —— 舍飼

隨着農牧業相結合經濟的進一步發展，舍飼與放牧相結合的畜牧經濟方式應運而生。“舍飼”是以牲畜圈欄的出現為標誌的。新石器時代中期以後，中國南北方大多數地區已基本確立以農業為主，飼養家畜以豬為主的經濟結構。舍飼是以農業的發達為基礎的，因農業提供農副產品，作為牲畜的部分飼料。舍飼方式的出現，是原始畜牧業發展的巨大進步。它反映出人對牲畜的飼養管理已初步擺脱粗放的狀態。牲畜的培育、配種繁殖和選種技術在這階段有顯著提高。同時，獸醫這門專業也在這時期形成，並逐漸發展起來。

豬紋黑陶缽

豬的飼養在新石器時代晚期已普遍出現於黃河流域和長江流域。

陶塑豬頭

豬是當時與人關係密切的動物，經過原始藝術家的創造，牠們的形象更顯可愛。

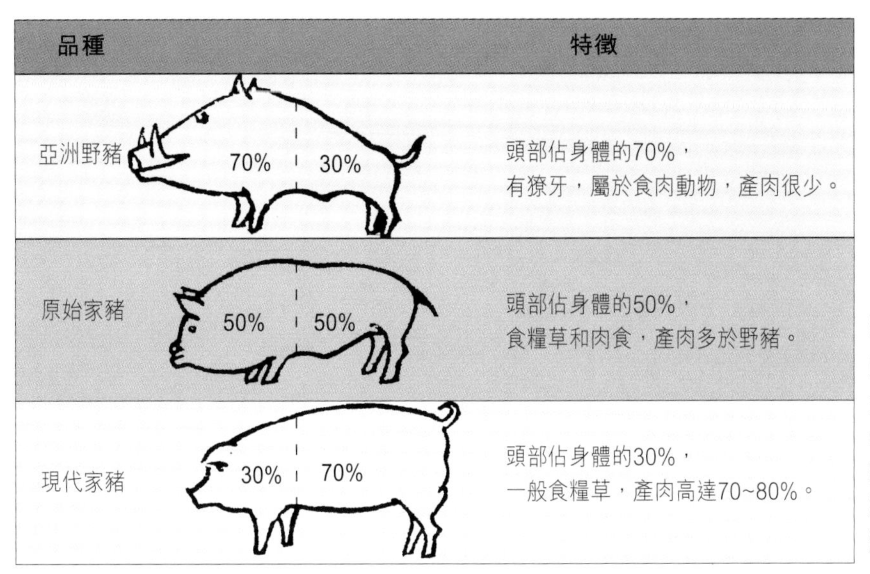

品種		特徵
亞洲野豬	70% ¦ 30%	頭部佔身體的70%， 有獠牙，屬於食肉動物，產肉很少。
原始家豬	50% ¦ 50%	頭部佔身體的50%， 食糧草和肉食，產肉多於野豬。
現代家豬	30% ¦ 70%	頭部佔身體的30%， 一般食糧草，產肉高達70~80%。

家畜飼養豬體形變化圖

原始居民進入定居生活以後，以農業為主，家畜飼養為輔的經濟形成固定模式。在家畜飼養業中，經歷了馴育野生動物、選擇家畜新品種、人工配種三個階段。豬的飼養和繁殖已經與現代豬相近。

傳說時代的首領

① 追蹤三皇五帝

中國自古流傳有"三皇五帝"的傳說，將他們視為中華文明的主要創始者，其年代相當於四五千年前的原始社會晚期，是古國向國家過渡時期產生的領袖人物。以儒家學說為正統思想的一些史籍，對那個時代進行了充分、細緻而誇張的描述，把它描繪成一個充滿了仁愛、平等、繁榮的社會階段，認為那是一個理想中的大同世界，使人們對那時代無限嚮往，對"三皇五帝"格外尊崇，許多知識分子、士大夫更以實現社會大同作為終身奮鬥的最高理想。

三皇五帝的大同世界

古代傳說中的"三皇五帝"究竟是誰，歷史上一直沒有定論，特別是"三皇"，其說法有六、七種之多，"五帝"目前以《史記》所載最為通行，是黃帝、顓頊、帝嚳、堯、舜五人。而與他們基本處於同一時代的著名人物和部落還有神農氏、蚩尤、祝融、共工等，後世人附會說夏、商、周三代的祖先都是與五帝有關的重要人物，甚至就是五帝的"苗裔"。在神話傳說中，三皇五帝時期天下有萬國，"三皇"和"五帝"都是人們民主推舉的德高望重的首領，他們在位時，與人民一同勞動，推行"德政"，通過戰爭打敗南方的蚩尤，統一各部落，率領人們由蠻荒跨入文明社會。他們老了，以禪讓的方式將首領位置交給傑出的繼任者。因此，在他們統治期間，天下為公，講信修睦，人人生活幸福。

神農嘗百草圖

神農是傳說中農業、商業、音樂和醫藥的發明者，是傳說中遠古時代的聖人。

史書記載的三皇五帝名稱

史書出處	三皇／五帝名稱
《世本》、《帝王世系》	伏羲、神農、黃帝
《史記》	天皇、地皇、泰皇
《白虎通義》	伏羲、神農、祝融
《風俗通皇霸》	伏羲、女媧、神農
《藝文類聚》	天皇、地皇、人皇
《白虎通義》	伏羲、神農、燧人
《周易》	伏羲（太昊）、神農（炎帝）黃帝、堯、舜
《史記》	黃帝、顓頊、帝嚳、堯、舜
《帝王世系》	少昊、顓頊、高辛、堯、舜

少昊陵

少昊是傳說時代五帝之一，他遷都曲阜，修太昊之法，是一名賢君。死後葬於今山東曲阜少昊陵後面的雲陽山。

追尋真實的“三皇五帝”

“三皇”的時代比較早，包含了母系氏族社會的痕迹，“五帝”已經進入原始社會末期，處於父系氏族公社的部落聯盟走向瓦解，古國地位也發生動搖，而國家尚未真正建立的特殊歷史階段。“五帝”都是軍事民主制下父系氏族部落的酋長或軍事首領，保留有原始公有制和平等觀念， 受到尚未完全退化的原始民主觀念和制度的制約，採用禪讓制。但是這種方式很快在夏族部落聯盟發生了重大變革，五帝之一的堯將首領的位置禪讓給舜，舜又禪讓給禹，禹卻沒有再禪讓，而是將位置傳給了自己的兒子啟，從此開始了“父死子繼，兄終弟及”的嶄新歷史階段。

“五帝”與三大集團

三皇五帝時代，特別是五帝時代，是中國、中華民族以及多民族統一國家形成的奠基時期，也是中華民族多支祖先組合與重組的重要階段。分佈在中華大地上的不同經濟類型和不同文化傳統的諸文化，尤其是以仰韶文化為代表，以中原粟作農業區為主要活動範圍的神農氏華族集團；以紅山文化為代表，以燕山南北地區為主要活動範圍，以漁獵為主要經濟活動的黃帝集團；還有以大汶口文化和良渚文化為代表，以東南沿海稻作農業區為主要活動範圍的虞（夷）夏集團。這三大集團在充分發展各自個性的同時，因文化交匯和不斷組合與重組而匯聚一體，向着文化共同體的形成和發展大步邁進。這既為夏、商、周三代文明奠定了堅實的基礎，更是中華文明歷經數千年連綿不絕的根源所在。

五帝時代的三大集團及主導活動方向圖解

虞（夷）夏集團
以大汶口文化和良渚文化為代表、以東南沿海稻作農業區為主要活動範圍

神農氏華族集團
以仰韶文化為代表、以中原粟作農業區為主要活動範圍

黃帝集團
以紅山文化為代表、以燕山南北地區為主要活動範圍，以漁獵為主要經濟活動

五帝時代中國考古學文化區系

年代 ＼ 文化 ＼ 地區	古史傳説	中原地區華族集團	東南沿海虞（夷）夏集團和苗蠻集團			燕山地區黃帝集團	
			山東	環太湖	江漢地區	遼西	內蒙古中南部
距今 6000年–5500年	神農氏時代	仰韶文化前期	大汶口早期	馬家浜文化	大溪文化	紅山文化早期	仰韶文化早期
5500年–5000年	五帝時代早期	仰韶文化晚期	大汶口中期	崧澤文化	屈家嶺文化	紅山文化晚期	海生不浪文化
5000年–4500年以後	五帝時代晚期	中原龍山文化（早中期）	大汶口晚期　山東龍山文化	良渚早期文化　良渚晚期文化	石家河文化	後紅山文化（小河沿文化）	老虎山文化

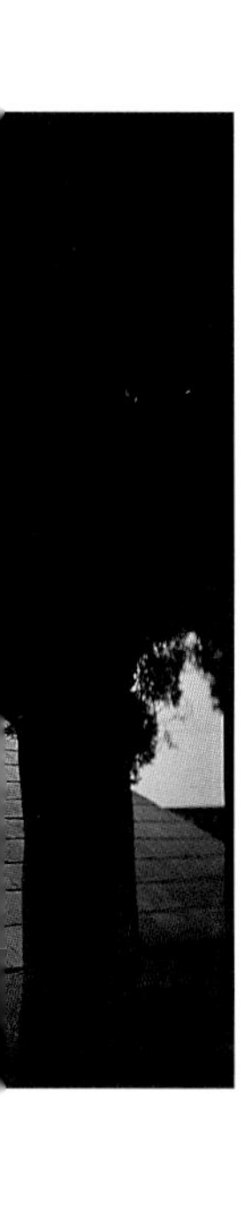

傳說時代的首領

② 廣泛分佈的神龍蹤迹

龍自古就是中國人崇拜的靈物。在古代傳說中，龍是擁有神奇能量又能除惡揚善的神異動物，但實際上它並不是一種現實存在的動物。龍作為抽象的神靈，它的早期形態及演化過程又是怎樣的呢？隨着中國史前考古學的一系列發現，神龍正在逐漸揭去神秘的面紗。

最早的龍

就目前的資料而言，原始階段龍的形象，至遲到新石器時代中晚期的趙寶溝文化時期(距今6500年)已經出現。趙寶溝遺址出土有刻繪龍形圖案的陶尊。不過，從圖案中動物的頭部特徵觀察，龍紋與長嘴鳥首、引頸鹿首組合為一幅完整的圖案，龍紋並未獨立出來，而是置身於鹿和鳥之中，龍、鹿、鳥三位一體共同成為人們崇拜的對象。比趙寶溝文化原始龍稍晚的是河南濮陽西水坡發現的蚌殼龍，此墓可能是一座壯年巫師的墓葬，除以三人殉葬之外，特意在墓主身體左右兩邊分別擺放出龍和虎的圖形，毋庸置疑，在這位巫師眼裏，龍和虎都是神異之物。不過，龍作為神靈仍未能取得惟我獨尊的地位。

查海龍形堆石

中國最早的龍，距今七八千年，它置於查海遺址中部一條從西南至東北走向的石脈上，用與石脈質料相同的花崗岩石塊擺塑而成，長達20米，可隱約分辨出頭、身、尾和足，龍形雖不夠完整及明確，但已具有龍紋的基本特徵。

蟠龍獨尊

進入銅石並用時代之後，龍的地位急劇抬升，紅山文化出土的玉龍往往出現在大型祭祀遺址當中，形象分豬龍和勾形龍兩種，前者應與農業發展之後引起家豬飼養業的興盛，豬成為人們熟悉的對象有關。豬龍還帶有濃郁的原始色彩。勾形的玉龍雖然還帶有豬頭的痕迹，但整體已經脫離豬的形象而抽象化了，具有神秘色彩。到了龍山文化時代，在中原龍山文化核心區的陶寺遺址大型墓中，出土刻有蟠龍的陶盤，而且每墓只出一件。這種彩繪蟠龍，佔據整個陶盤的內壁，不再與其他任何動物糾纏在一起，顯示其獨步天下的尊貴地位。這些陶龍盤可能是王墓中的專用品，此時的龍，已經演變成至高無上的神靈。

龍形玉刀

玉刀的前部以龍首作裝飾。此玉刀不是實用工具，而是具有權力象徵的禮器。

神龍騰飛

到了龍山文化時代，龍的形象已經廣泛出現在中原龍山文化、良渚文化、石家河文化和齊家文化中，神龍的蹤影遍及大江南北，龍已經成為中國廣大地域內各民族共同崇拜的神靈。在龍山文化時代，各地區間的文化交往，包括戰爭這種文化交往的特殊形式，頻頻發生於相鄰的集團之間。這種交往，使廣大地域內不同集團的人們共同崇拜某一種神靈成為可能。在萬國林立的古國時代，出現眾多集團共同崇拜的神靈，這對於中華民族的民族認同感具有十分重要的意義。從這角度看，我們甚至可以把各地不約而同地出現龍的現象，視為中國古代文明產生的一個重要標誌。

齊家文化浮雕龍紋紅陶罐

罐上的浮雕龍紋，鱗軀似龍，身有一爪。此浮雕龍紋是西北地區發現的最早的龍的形象。

龍爪

龍鱗

碧玉龍

俗稱"豬嘴玉龍"，為墨綠色軟玉製成，是目前發現的體型最大、製作最精、形態最逼真、年代最久遠的碧玉龍形象。

豬嘴形長吻

硬鬣飄揚

石家河玉豬龍

石家河文化中，發掘出三種蟠龍，頭上有角，面部有眼，它與紅山文化的玉豬龍和仰韶文化的濮陽蚌龍，同為中華古龍的雛形。

邊疆地區的遠古文化

① 西藏高原的拓荒者

西藏高原在古代的氣候比較濕潤，一些河谷雨量充沛，草木茂盛，禽獸繁多，是原始人類良好的生存和生產場所。這裏的舊石器時代文化與華北、華南有千絲萬縷的聯繫。到距今四千至五千年前的新石器時代，更創造出先進的卡若文化。“卡若”在藏語中意為“城堡”。居住在西藏高原的遠古拓荒者，很早以前就啟動了開發西藏高原的歷程。根據資料表明，卡若文化的創造者，應是藏族的先人。

藏族的先民

在瀾滄江以東、川西高原、滇西北橫斷山脈區域的諸原始文化有共同特徵，構成一個文化區。該文化區域的石器有長條形石斧、石錛和刃開在弓背上的半月形石刀。房屋有木骨泥牆房，早期為圜底式或半地穴式，後期出現了地面建築。在卡若遺址見到多種水生動物，但不見魚骨，或許卡若人不吃魚。這與現代藏族人不吃魚的傳統是一致的。

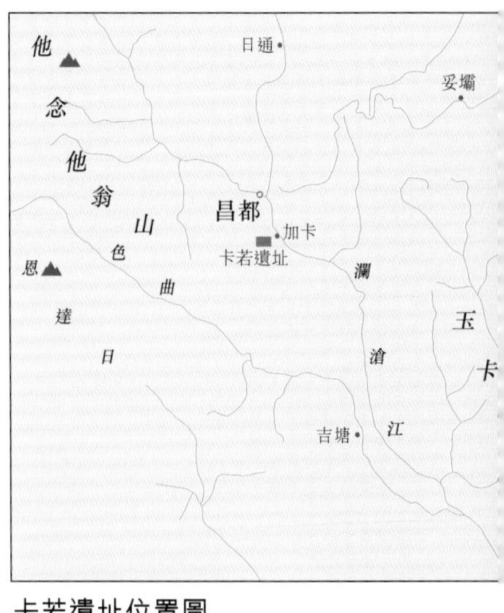

卡若遺址位置圖

卡若遺址位於今西藏自治區昌都縣卡若村東瀾滄江與其支流交匯處的台地上，面積原約1萬平方米，現存不足5000平方米，遺址海拔高度3100米，是中國目前海拔最高的新石器時代遺址。

打製石器與質樸的陶器

卡若文化有較濃厚的地方特色，以石器為主的生產工具是卡若遺址中數量最多的器物，分打製石器、磨製石器和細石器三大類。其中，大量使用打製石器是卡若遺址的一大特點。卡若人已經開始製陶，陶器均為夾砂陶，手製，紋飾以刻畫紋、繩紋、壓印紋、錐刺紋和附加堆紋為主。器形以罐、盆、碗為基本組合，均為平底器，不見三足器及豆、簋類圈足器。

磨製的石斧與石錛

卡若文化的石器大部分為打製石器，磨製石器數量還不及打製石器之多。器形以鏟狀器、鋤狀器、石刀、石斧等生產工具為主，圖中展示的磨製石器為石斧和石錛，其中，長條形石斧和條形錛，製作精良，是卡若文化最具代表性的石器種類。

卡若文化的陶器均為夾砂陶，器形以罐、盆、碗為基本組合，均為平底器。紋飾幾乎不見彩陶，而以繩紋、刻畫紋、壓印紋和剔刺紋為主。

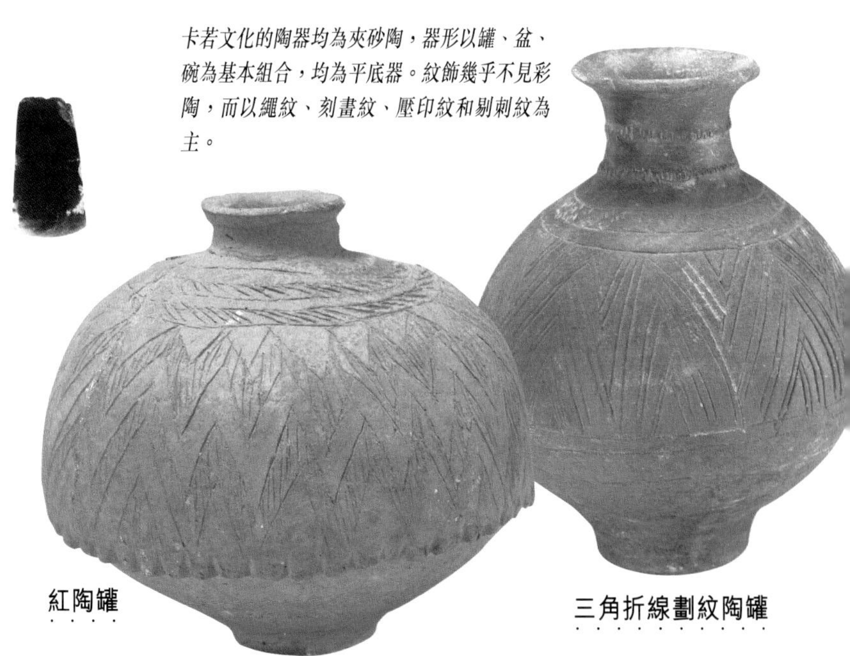

紅陶罐

三角折線劃紋陶罐

罕見的石頭房

卡若文化的石砌房子，已是現代石牆平頂的藏式房屋的雛形。大量採用石塊作原料，如石牆房屋、石砌道路、圓石台、石圍圈等。草拌泥半地穴房屋中"井杆式"木結構的出現，擎簷柱樓房，長方形的帶有稜邊和"灶台"的爐灶，均富特色。房屋大者有20餘平方米，小者只有10餘平方米，適於對偶家庭居住。只有一座雙間房為近70平方米，可能是公共場所。半地穴式建築形式當是通過甘肅、青海，受到中原地區文化影響的結果。

高原粟作農業

農業是重要的生產部門，農作物粟米本是黃河流域的，南方較少，這裏的粟可能是通過馬家窰文化傳播而來。飼養的家畜只有豬。

圓形房屋復原示意圖

草拌泥牆

居住面下凹，地面有一層紅燒土，具有堅實、防潮的作用

木柱是支撐架，起到承重作用

草拌泥的平屋頂

草拌泥的土牆，具有保暖作用

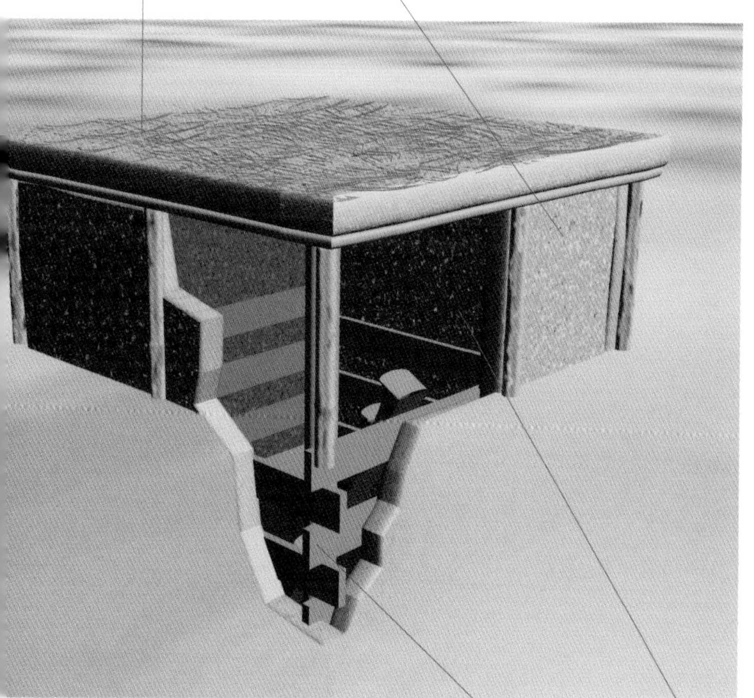

方形"井杆式結構"房屋復原示意圖

這種半地下屋，保留了洞穴結構的原始性。至於使用大量木材建造，則具有堅實、保暖的特點。

相互交疊的圓木構成樑架，起到承重作用

沒有窗戶，保留了洞穴居住的封閉性特徵

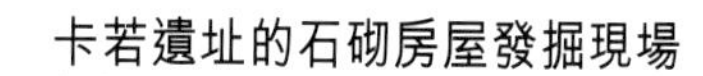

卡若遺址的石砌房屋發掘現場

卡若文化的石砌房子大量採用石塊作原料，這座房屋遺址便是用石塊作牆壁，與現代石牆平頂的藏式房屋的結構相似，此類房屋面積大者有20餘平方米，小者只有10餘平方米，適合人口較少的對偶家庭或小家庭居住。

邊疆地區的遠古文化

② 與中原一脈相承的東南之珠

考古發現表明，台灣的遠古文化可追溯至舊石器時代。從那時起，台灣地區即與中國大陸保持着密切的聯繫。近年來，香港地區也有許多重要考古發現，與深圳、珠海、中山等地出土的同時代遺存基本相似，表明它們都屬於古代南越人文化圈。這些發現充分證明，台灣和香港自古以來就和中國內地有深厚的文化歷史淵源。

台灣島的遠古時代

台灣最早的人類文化稱為長濱文化，僅有骨器(錐、針等)和打製石器(砍砸器、尖狀器、刮削器、石片石器)，沒有陶器，屬從舊石器文化向新石器文化過渡的遺存，該文化與中國大陸同時代文化有密切關係。新石器時代較早的是大坌坑文化，主要分佈在台灣西海岸地帶，陶器簡單，僅有釜、罐、碗幾種，年代約在公元前5500 ~ 前4000年。台灣西部平原的中南部和澎湖列島的鳳頭鼻文化，以高雄縣林園鄉鳳頭鼻貝丘遺址而得名，早期以紅陶為主，晚期常見灰陶和黑陶，另有彩陶，年代為公元前2100年左右。其細繩紋陶是從大坌坑文化發展而來，但陶器中的鼎、豆、彩陶紋飾，乃至稻作農業應是在福建曇石山文化影響下產生的。

香港地區的史前遺迹

香港地區考古工作可追溯到20世紀20年代，從那時起一些業餘愛好者在各島調查了許多古代遺址，至今已發現史前遺址約一百多處，其中數十處已經發掘。代表性遺址有南丫島大灣、深灣和大嶼山東灣等。這些遺址的年代大致可分為新石器中期(約公元前4500 ~ 前2900年)、晚期(約公元前2900 ~ 前1500年)和青銅時代三大階段。香港史前遺址多屬於沙丘遺址，這些遺址一般都位於大陸沿海、海中島嶼南向小海灣的沙堤或沙洲上，附近有河流或小溪，為非長期定居的季節性聚落形態。人們在此捕撈採集、停舟避風、築寮暫居，製作陶器和工具。陶器均以夾砂陶為主，一般為手製。

香港新石器時代遺址分佈圖

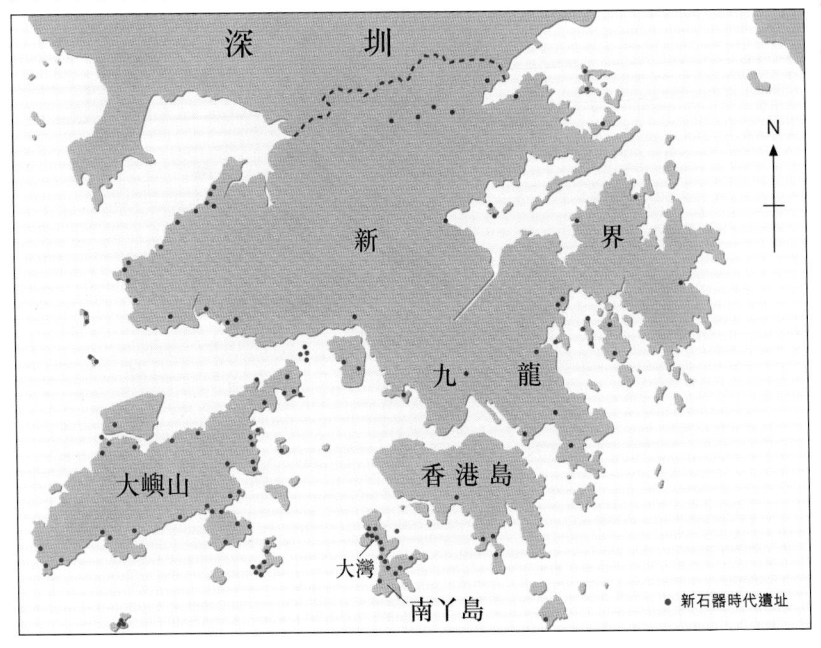

彩陶盤

在新石器時代曾輝煌一時的彩陶，在香港地區也大量出土。

與中原文化相承的牙璋

南丫島大灣遺址是香港最早發現的古遺址之一，位於香港的西南南丫島西岸東西走向的沙堤上，南面是海灣，其餘三面丘陵山地環抱，屬長期居住的沙丘遺址。出土器物有新石器時代中期的圈足彩陶盤、夾砂細繩紋陶和磨光石器、打製石器。屬新石器時代晚期的有垂腹圜底釜、深腹凹底釜等。屬於青銅時代早中期的器物最多，有折肩凹底罐、圈足盤、高足豆、石戈、T形環等，最具有斷代意義的是出土的牙璋，是受中原文化影響產生的，年代約相當於中原地區的商朝中晚期，也有人認為可早到二里頭文化一、二期。

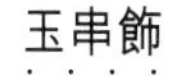

玉串飾

陶釜

陶製的煮食器。

牙璋

牙璋是受中原文化影響而產生的，顯示出早在新石器時代至青銅時代，中原地區的文化影響力已抵達嶺南地區。

大灣出土的牙璋及玉串飾

邁向國家之門

① 夏王朝的建立

距今約四千年前，由華夏各部族建立的古國，先後邁向國家之門。公元前2070年，夏王朝正式建立，這是中國歷史上的第一個王朝。夏朝的起始年代已被科學確定，夏王朝的存在，也為考古發現所證實，其中發現於今河南洛陽平原的夏朝的大型宮殿遺址和豐富的禮器，是最有力的證明。作為一個傳説中的王朝，夏朝正在逐步向世人展示它的真實面目。

夏王朝的年代

按照傳統的説法，夏朝是從禹開始到桀滅亡，共有十四世十七王，經歷了四百多年，相當於公元前21世紀至前17世紀。因為禹只是一位帶有過渡色彩的人物，是夏朝之前傳説中五帝時代的最後一位"帝"，夏王朝的建立者則是禹的兒子啟，所以夏朝開始年代應當從啟繼承王位算起。剛剛結束的夏商周斷代工程，將夏朝的起始年代推定為公元前2070至前1600年，是目前中國學術界關於夏朝年代最權威的説法。

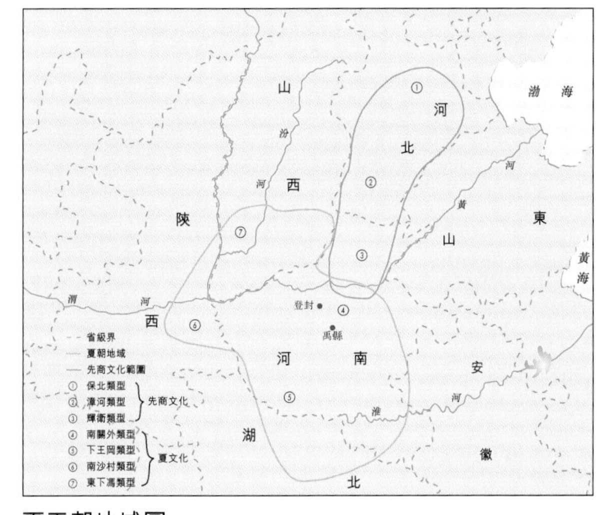

夏王朝地域圖

夏王朝世系表

禹(1) — 啟(2) — 太康(3)
啟(2) — 仲康(4) — 相(5) — 少康(6) — 杼(7) — 槐(8) — 芒(9) — 泄(10) — 不降(11) — 孔甲(14) — 皋(15) — 發(16) — 癸(桀)(17)
泄(10) — 扃(12) — 廑(13)

夏禹像

夏禹原為夏部落的首領，因為曾經成功治理水患，以禪讓的方式繼舜成為部落聯盟的首領。夏禹晚年破壞了禪讓制，將部落聯盟首領的位置傳給自己的兒子啟，啟則建立了中國歷史上第一個國家——夏王朝，開創了家天下的新時代。

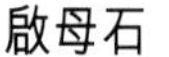

啟母石

啟母石是夏禹之子啟的出

夏王朝的範圍

關於夏王朝的區域範圍，從文獻資料看，主要集中於兩個地區：一是河南中部的洛陽平原，尤其是潁河上游登封、禹縣(今禹州市)一帶；二是山西西南汾水下游一帶。從考古發現看，這時期分佈在這兩個地區的考古學文化為二里頭文化，它是在今河南境內的龍山文化基礎上發展起來的，不僅擁有富有特徵的陶器羣，而且還有青銅器，在核心區洛陽平原的伊河和洛河交匯處，更發掘出夏王朝的一座都城遺址 —— 二里頭遺址，那裏有大型宮殿建築和豐富的青銅文化遺存，確鑿地證明了夏王朝的存在。

陶豆

盛放食物的容器。發現於夏王朝的都城遺址。

羣雄逐鹿

剛剛進入國家政權時代不久的夏王朝，始終面臨着來自周邊方國的侵擾。當時夏、商、周已先後成為方國之君，政治上出現羣雄逐鹿的局面，自然界的洪水也帶來危機。治水需要打破小國的界限，各古國組織起更大的政治力量。夏、商、周的祖先都經歷了治水的考驗，勢力在此消彼長中不斷變化。因此，出現了以後夏朝未亡，商朝崛起；商朝未亡，周朝崛起的局面。

陶盉

這件飲酒器發現於夏王朝的都城遺址。

石鏃 、單孔石刀

這是在夏朝遺址中發現最多的石箭鏃和石刀，都是兵器。石刀也是常用的工具。

邁向國家之門

② 氣度不凡的夏文化

夏文化屬於二里頭文化，二里頭文化以河南偃師市二里頭遺址命名，年代約為公元前1900 ~ 前1600年，主要分佈在今河南中西部的鄭州附近和伊、洛、潁、汝諸水流域，以及山西西南部的汾水下游一帶。二里頭文化是同時期最發達的青銅文化，為中國歷史揭開了嶄新的一頁。

青銅文化發達

二里頭文化居民的經濟生活以農業為主。農具主要是石器，有鏟、鐮、斧、錛、鑿等，另有蚌、骨和木質生產工具。農業生產已有剩餘產品，飼養的家畜有豬、狗、雞、馬、牛、羊等。手工業的鑄銅、製陶、琢玉（石）、製骨以至木工建築等都已出現分工。相當成熟的青銅器業是二里頭文化的一大特徵。不但鑄造出鈴、戈、鏃、戚、刀、錐、魚鈎等青銅器，而且懂得運用複合範鑄造銅爵等較複雜的器物，説明此時青銅鑄造工藝已相當成熟，是同時代發展水平最高的青銅文化。

夏文化分佈圖

奴隸制形成

二里頭文化的普通聚落居址有半地穴居址、地面建築和窖洞式居址等幾種。一般居室的直徑在3米左右，較大的長方形居址長10米、寬5米左右，中間有隔牆。地基和隔牆都經夯築。墓葬除在二里頭遺址發現一座大墓之外，大多為小型墓。有些是沒有墓壙的人骨遺骸，其葬式或俯身，或身首異處，或有捆縛、斬割痕迹，為非正常死亡，且沒有隨葬品，生動地説明了死者生前的社會地位，反映出當時社會存在的等級差別。同時，大型宮殿基址與普通聚落中的小型房屋也形成強烈對比，由此可見夏朝階級對立、城鄉分化、貴賤有別的早期奴隸制形態已經形成。

三袋形足是從原始社會流行的烹煮器演變而來，但已逐步縮小，商朝以後消失了

白陶鬹

河南鞏義市出土的夏朝酒器，用高山黑土燒製，造型規整，器表光滑，陶質堅硬，是在原始瓷器過渡時期的代表作，屬於王室使用的高貴禮器。

豐富的夏文化遺物

這個時期各遺址出土的文化遺物種類豐富，製作精美，銅器有鼎、爵、斝、鈴、戈、戚和各種形式的刀、銙、鑿、鑽、鋸等；玉器有圭、璋、戚、鉞、琮、璜、戈、鐲、柄形飾、多孔大刀、斧、鏟等，還有各種綠松石飾品和綠松石鑲嵌的精美牌飾；陶器種類繁多，常見的有夾砂灰陶和泥質灰陶，另外還有硬紋陶、釉陶和造型精美的白陶、黑陶等。

玉琮

在河南偃師二里頭宮殿遺址出土，是夏王朝祭祀的禮器。

鑲嵌綠松石牌飾

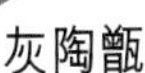

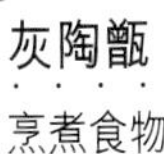

灰陶甑

烹煮食物的陶器。陶質細膩，防滲水性能高於彩陶。

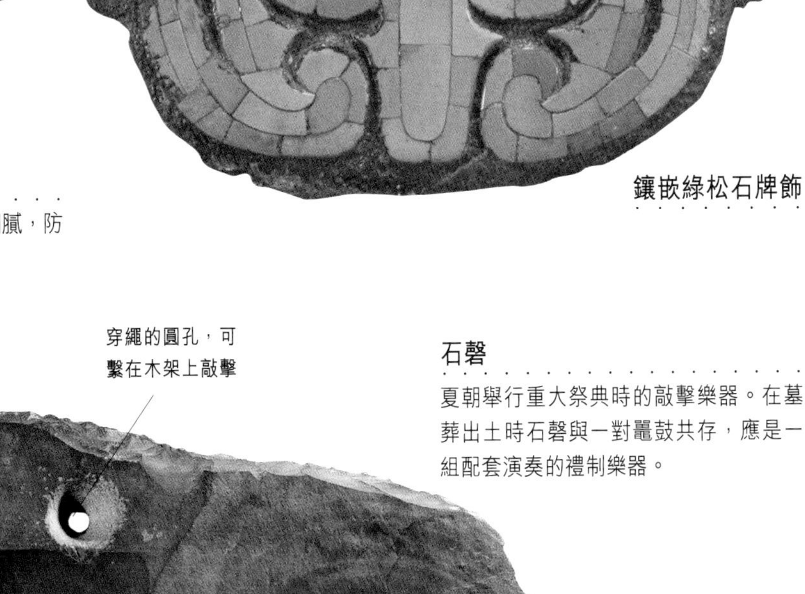

穿繩的圓孔，可繫在木架上敲擊

石磬

夏朝舉行重大祭典時的敲擊樂器。在墓葬出土時石磬與一對鼉鼓共存，應是一組配套演奏的禮制樂器。

氣勢宏偉的夏王朝都城

在夏王朝的中心地區二里頭遺址，發現大型宮殿遺址和多種精美器物，表明它是夏朝的都城遺址。二里頭遺址在同時期遺址中規模最大、規格最高，不僅有宮殿建築、大型墓葬，還有各類手工業專業作坊，是個功能完備的都城。

宮殿區中心部位面積約3平方千米，有大量的大、中型建築基址，形成宮殿建築羣，最重要的是宏偉的一、二號宮殿。不但有排水設施，而且設計完整，整體建築已具備後世宮殿建築體制的規模。

除宮殿區的大墓外，均為中小型墓葬。中型墓葬分佈區面積約1萬平方米。

二里頭一號宮殿復原圖

一號宮殿面積1萬餘平方米，中心大殿前面有廣庭，四周有迴廊，南面有三座大門，復原為一座"四阿重屋"式的殿堂。

宮殿區中還有大量的小墓，其中有相當多的硃砂墓，絕大多數的銅器、玉器、漆器、石器、象牙器、骨器、蚌貝飾和各種精美的陶禮器皆出於這些墓中，這些墓主人生前有的當為平民，有的則可能為中等貴族成員。

遺址共有三處鑄銅遺址、兩處製骨遺址，在新莊村以南發現鑄銅區面積較大，有冶鑄青銅器的遺存。

玉戚

戚，本是兵器，用玉製成的戚，是儀仗禮器。在夏朝都城出土的各種儀仗禮器，證明當時皇室貴族的典禮活動頻繁。

銅爵

飲酒禮器。長流口是飲酒處。流折處有兩短柱作裝飾。器壁甚薄，具有早期青銅器的特徵，是迄今中國出土最早的青銅容器，應是為皇室生產的飲酒器。

塗硃石璋

儀仗禮器。其上塗有紅色硃砂，象徵鮮血，具辟邪降魔的威力。

邁向國家之門

③ 夏王朝的鄰邦

夏王朝建立時期，在其周邊有眾多勢力漸起的大小方國，它們因文化傳統的不同和自然地理環境的差異，形成了各自的文化特色。其中，與夏文化接近的青銅文化主要有東部的岳石文化，豫北的下七垣文化，遼寧西部和內蒙古東南部的夏家店下層文化。此外，在遙遠的西邊有四壩文化，東南地區有馬橋文化。這五支青銅文化與夏文化並存，共同構成中國早期青銅文化的相互作用圈。

東方的宿敵

夏王朝建立初期，政局並不穩定，特別是遭到東夷人的反對，東夷的伯益本被推選為禹的繼承人，禹死後，他反對由啟繼位，史書有“益干啟位，啟殺之”的記載。啟死後，太康繼位，遭東夷首領后羿攻擊，被迫外逃，出現太康失國，后羿代夏的局面。後來，后羿的親信寒浞殺羿，奪取王位。直到少康時才滅寒浞，恢復夏王朝的統治。可見夏初，夏夷之間的鬥爭十分激烈。岳石文化是繼承山東龍山文化發展而來的，年代與二里頭文化相當，主要分佈於山東和江蘇北部。東夷屬於岳石文化，與夏文化發展水平相當，也進入青銅時代，有都城建築，是夏朝早期盤踞在東方的頭號宿敵。

后羿射日圖像

后羿是東夷族首領，曾經是夏朝的大敵。這個戰國時期的衣箱圖案表現的是后羿射日的神話。

后羿

彩陶壺

盛酒的陶禮器。

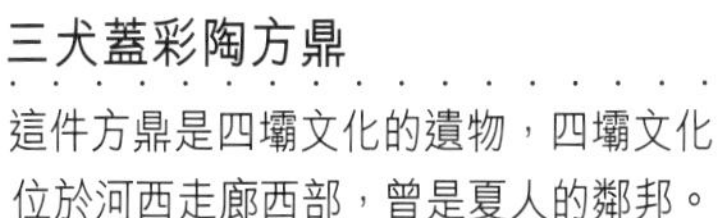

三犬蓋彩陶方鼎

這件方鼎是四壩文化的遺物，四壩文化位於河西走廊西部，曾是夏人的鄰邦。

內蒙古敖漢旗出土彩陶鬲

盛食品的陶禮器。用紅、白、黑三色組成紋飾，以勾雲紋組合成變形饕餮紋，這種紋飾在商朝青銅禮器中很流行。

北方的鄰國

位於內蒙古、遼寧和河北鄰境地帶的夏家店下層文化，其範圍與紅山文化相當，年代在公元前2000 ~ 前1500年，是夏商王朝交替時期另一個活躍的方國。其突出特徵是村落密集地分佈在河谷地帶，較大的聚落有圍牆或壕溝作防禦設施，形成石砌的城堡。這種城堡在遼寧發現很多，比現代農村居民點還密集。在內蒙古赤峯沿英金河也有一連串密集的小城堡，其分佈與後世的燕、秦長城平行或重疊，功能顯然與長城相同，都是作防禦之用。可能在交通要道還設有關卡。這種大規模的城堡帶絕不是城邦式的古國可以建造的，只有凌駕於古國之上的，具有號召力的方國才有此能力，説明燕山以北的夏家店下層文化極有可能已組成統一的國家，與中原地區的夏王朝相抗衡。

夏家店下層文化城堡分佈圖

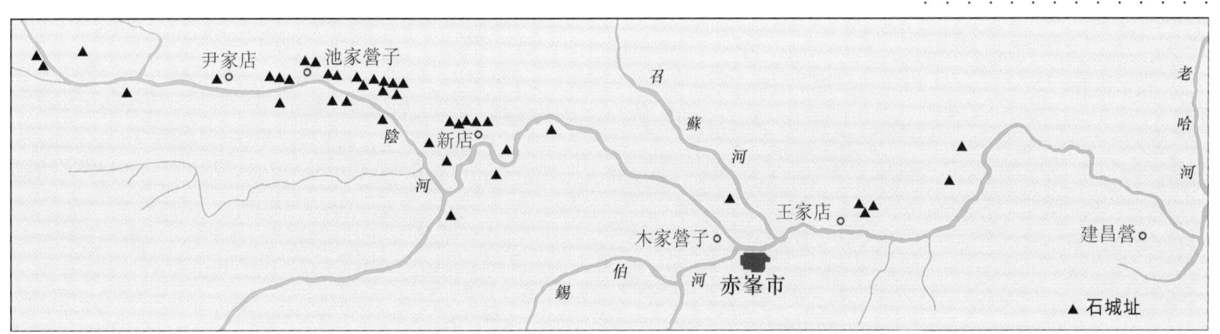

原始社會歷史大事年表

公元紀年	大事記
800萬年前至700萬年前	雲南祿豐古猿生活在密林邊緣地帶，學會使用天然工具。體型特徵屬於"正在形成中的人"，是人類的直系祖先。
200萬年前至160萬年前	在華北、華南和長江流域發現這時期的古猿人化石和製作粗糙的石器。
170萬年前	元謀人是世界上最早的古人類之一，已進入直立人階段，開始運用火和製造簡單的石器。
100萬年前至65萬年前	陝西藍田出現直立人，是亞洲北部最早的直立人。石片和砍砸器等打製石器成為主要的勞動工具，已經進入舊石器時代早期。
70萬年前至20萬年前	在湖北鄖陽、河南南召、安徽和縣等地發現直立人化石和大量打製石器。 "北京人"出現，體質與現代人相近，是由猿到人進化的明證。"北京人"結成十幾人或幾十人的羣體，共同生活在洞穴中，組成最早的人類社會。石器製作技術有了明顯的進步，可以製造砍砸器、刮削器、錘狀器等工具，已經掌握了人工取火技術。周口店北京人遺址是迄今所知世界上內涵最豐富、最系統的直立人遺址。
30萬年前至5萬年前	進入早期智人階段，體質更接近現代人，腦容量增大，手靈巧。根據不同的用途製造各類石器。已掌握製造石球技術，進入舊石器時代中期。 在華北、東北、華南遍佈這時期的遺址，其中最具代表性的是"丁村人"遺址。
5萬年前至3萬年前	早期智人向晚期智人過渡階段，加工精巧的細石器在各地出現。已發明弓箭和投矛器。
2萬年前至1萬年前	晚期智人階段，腦容量與現代人相當，北京周口店地區的"山頂洞人"屬於蒙古人種的祖先，居住洞穴分居室、倉庫和墓地。喪葬觀念、審美觀念、原始宗教信仰已經形成。鑽孔和磨製技術反映出生產技術的飛躍，人類進入舊石器時代晚期。
1萬年前	全球氣候轉暖，人類活動範圍擴大，居住地由山洞向台地和平原轉移，舊石器時代向新石器時代過渡。
1萬年前至公元前6000年	新石器時代早期，華北、長江中游和華南等地的人類開始定居生活，從事農業生產，飼養家畜，製陶技術出現。石器製作技術也從原來的打製轉變為精細的磨製加工。
公元前6000年至前5000年	進入新石器時代中期，農業從刀耕火種階段向鋤耕階段邁進，黃河、長江流域形成兩大農業區，黃河中下游旱作農業發達，長江流域以稻作農業為代表。紡織、製玉、製陶技術發達。
公元前6000年至前4000年	母系氏族的繁榮階段，出現以血緣為紐帶的同一氏族聚居的聚落，組成母系氏族公社。氏族成員地位平等，出現原始宗教崇拜和萬物有靈觀念。對龍的崇拜已超越具體神靈崇拜，達到對抽象神靈崇拜的階段，產生專業巫師，從事占卜活動。
公元前6000年至前3000年	黃河流域裴李崗文化、仰韶文化、馬家窰文化、大汶口文化和長江流域良渚文化陶器上的記事符號，被認為是原始文字的雛形。
公元前5000年	長江、黃河流域紡織技術發達，可以生產柔軟細密的棉布。
公元前5000年至前3300年	長江流域河姆渡文化稻作農業發達。石器、陶器、骨器、木器製作達到很高水平。多種適應水田耕作的骨製農具富有特色。出現最早的木構建築和供舟船使用的木槳。

公元前5000年至前3000年	黃河中游的仰韶文化、黃河下游的大汶口文化和長江中游的大溪文化構成三足鼎立的格局。其中仰韶文化的地域最廣闊、實力最雄厚、文明程度最高，其彩陶形成顯著的文化特徵。
公元前4000年至前3000年	進入母系氏族社會晚期，向父系氏族社會過渡，黃河流域和長江流域出現防禦性的城堡。 東北紅山文化進入宗教發達的社會，出現女神廟、祭壇，並形成北方製玉中心。 長江流域太湖地區良渚文化的農業高度發達，形成南方製玉中心，象徵權力的祭壇和貴族墓地的出現，標誌着集神權與軍權於一身的部落聯盟首領出現。
公元前3500年	黃河中游的仰韶文化衰落，統一的文化面貌發生分化，形成多種面貌各異的文化。仰韶居民西遷，甘肅、青海衍生出高度發達的彩陶文化。山東半島的大汶口文化向外擴張，態勢強勁，分佈廣泛，勢力抵達仰韶文化腹地。
公元前3500年至前2000年	進入新石器時代晚期，私有制伴隨父系氏族社會來臨，男子成為氏族的統治者，民主制的平等社會逐漸廢除。 黃河流域和長江流域先後進入酋邦式的古國時代，城堡林立，酋邦之間經常發生掠奪性戰爭。傳説中的五帝即是這時期的各酋邦的首領。黃帝、炎帝、蚩尤之間著名的“涿鹿之戰”，就發生在今河北張家口一帶。
公元前2500年至前2000年	黃河流域和長江流域先後進入原始社會末期，父系氏族公社瓦解，各古國形成若干政治集團，夏族、商族、周族與夷、蠻等族文化相互交融，並發生軍事衝突。
公元前22世紀	夏族首領大禹治水成功，夏族勢力強大，統治黃河中游大部分地區。禹接替舜，出任部落聯盟首領，大會諸侯於塗山，以銅為兵，鑄九鼎，劃九州，作禹刑。
公元前2000年	黃河上游的甘肅、青海地區出現紅銅和青銅製作的工具和銅鏡，已經採用合範鑄造技術，用冷鍛法製成。 山東龍山文化產生真正意義上的文字。
公元前2070年	禹將首領的位置傳給兒子啟，啟建立了中國歷史上第一個王朝——夏，原始社會結束。
啟時期	廢止禪讓制，實行王位世襲，引起各部族不滿，東方集團首領伯益反抗被殺，西方邦國首領有扈氏不服，啟伐之，大戰於甘，平有扈氏。之後啟在陽翟大會諸侯，確立統治地位。
太康時期	太康無道，兄弟五人爭奪王位，夏王朝衰弱。
相時期	東方有窮氏首領后羿“因夏民以代夏政”，奪取了統治權。不久其親信寒浞殺死后羿，建立統治，並殺夏後相及其親族。
少康時期	在親族的幫助下，少康養精蓄鋭四十年，最終打敗寒浞，恢復夏王朝的統治。
杼時期	重視耕戰，親自征服東夷集團，使夏王朝中興。
桀時期	夏桀統治殘暴，百姓不滿，商族首領湯率部眾討伐夏桀，戰於鳴條，桀戰敗，夏朝滅亡，商朝建立。
公元前2070年至前1600年	夏王朝共歷十四世，十七王，四百餘年。河南偃師二里頭發現夏朝都城宮殿遺址，出土青銅禮器、玉器、象牙器、陶禮器等，標誌着夏王朝文明的先進水平。